GEORG FETSCH · SPUREN GOTTES

Spuren Gottes

Georg Fetsch

100 Gedanken zum Glauben

In Zusammenarbeit mit

Bibliografische Information der Deutschen Nationalbibliothek:
Die Deutsche Nationalbibliothek verzeichnet diese Publikation in der Deutschen Nationalbibliografie; detaillierte bibliografische Daten sind im Internet über „http://dnb.d-nb.de“ abrufbar.

1. Auflage 2017
ISBN 978-3-95976-100-0

Kunstverlag Josef Fink
Hauptstraße 102 b
88161 Lindenberg i. Allgäu
Tel. (0 83 81) 8 37 21
Fax (0 83 81) 8 37 49
Internet: www.kunstverlag-fink.de
E-Mail: info@kunstverlag-fink.de

Lektorat: Sonja Gebauer, Scheidegg
Layout: Georg Mader, Weiler im Allgäu
Bildbearbeitung: Holger Reckziegel, Bad Wörishofen
Druck: Holzer Druck und Medien, Weiler im Allgäu

Mit kirchlicher Druckerlaubnis des Bischöflichen Ordinariates
Nr. 9095 vom 4. 9. 2017,
Monsignore Harald Heinrich, Generalvikar

Inhaltsverzeichnis

Vorwort

Liebe Leserinnen und Leser!

Sehnen wir uns nicht alle danach, Gott in unserem Leben zu begegnen? Ist es nicht eine tiefe Sehnsucht des Menschen, Sinn und Erfüllung zu erfahren? Wenn wir so in den Alltag des Lebens hineinspüren, scheint es aber oftmals, als ob es nichts sei mit diesen Dingen. Es gibt die verschiedensten Momente empfundener Gottverlassenheit und Situationen, die Angst machen können, ganz zu schweigen von den vielen kleinen und großen persönlichen Sorgen, die im Laufe eines Lebens auf uns zukommen.
In all dem ist es wichtig, die Augen und vor allem das Herz weit offen zu halten für die Spuren Gottes, die doch auch unweigerlich da sind.
In diesem Buch habe ich, wenn man so will, hundert solcher Spuren Gottes zusammengetragen, in hundert Gedanken zum Glauben. Das sind kleine Artikel, die ich zu den verschiedensten Themen verfasst habe und die bereits in meiner Kolumne im Kreisboten und im „Gelben Blatt" erschienen sind. Sie sollen den Leser dazu anregen, im eigenen Alltag für so manche Gottesbegegnung sensibel zu sein, die uns der oft so unbegreifliche und groß scheinende Gott doch auf so nahe und persönliche Weise schenkt.
Lassen Sie uns also gemeinsam auf Spurensuche gehen!

Herzlichst Ihr
Pfarrer Georg Fetsch

Neu anfangen

„Allem Anfang wohnt ein Zauber inne", dieses oft zitierte Wort des Schriftstellers Hermann Hesse spricht mich an, wenn ich jetzt meinen ersten Beitrag für die Familienseite schreibe. Das Leben bleibt niemals gleich. Es ist immer einem Wandel unterworfen. Wieder und wieder müssen wir neu anfangen – im Beruf, nach einem Umzug, in einer neuen Freundschaft, im neuen Lebensjahr ... jeden Tag. Auch eine neue Aufgabe ist mit einem Neuanfang verbunden – so wie bei mir, jetzt.
Als ich gefragt wurde, ob ich es mir vorstellen könne, die Kolumne weiterzuschreiben, musste ich erst mal überlegen. Mir ist bewusst, dass sehr gute Autoren mit Esprit und Scharfsinn meine Vorgänger sind, und ich werde es genauso wohl nicht weiterführen können. Dann habe ich mir gedacht, eigentlich ist ein Neuanfang doch immer mit Veränderung verbunden. Das darf sein. – Es wird also nicht so wie bisher sein, aber dafür anders.
Wenn Hermann Hesse vom „Zauber" spricht, meint er wohl, dass man es nie genau sagen kann, wie eine Sache wird. Das macht das Ganze spannend und stellt die große Herausforderung dar. Es hat aber auch seinen Reiz. Entscheidend ist, es trotzdem zu wagen und einfach anzupacken. Sonst kann nichts Neues entstehen. Verborgenes Potenzial kann nicht zum Vorschein kommen. Es kann sich nicht entfalten. Für uns Christen gehört dazu auch immer ein gewisses Quantum Gottvertrauen. Gott gibt das dazu, was mir selber fehlt. Das sagt mir mein Glauben. Was soll da noch schiefgehen?
Wenn Sie im Moment auch vor einem Neuanfang stehen, kann ich Ihnen nur empfehlen: Hören Sie auf Ihre innere Stimme. Achten Sie auf das Bauchgefühl. Das ist wie der Kompass unserer Seele. Es kann uns die richtige Richtung zeigen. Vertrauen Sie auch auf Gott. Fragen Sie gute Menschen um ihren Rat. Gehen Sie dann aber Ihren eigenen, persönlichen Weg. Lassen Sie alle Angst hinter sich. Seien Sie zuversichtlich und lassen Sie sich überraschen, denn: „Allem Anfang wohnt ein Zauber inne."

Ostern: Rettung aus Lebensgefahr

Etwas pessimistisch hört es sich an, das Gedicht von Erich Kästner, über das ich neulich bei der Predigtvorbereitung schmunzeln musste: „Wird's besser? Wird's schlimmer?, fragt man alljährlich. Seien wir ehrlich: Leben ist immer lebensgefährlich." – Da ist aber was Wahres dran. Leben ist lebensgefährlich – ohne Zweifel. Im Leben sind wir vom Tod umgeben. Unser Leben ist bedroht. Das wird uns bewusst, wenn ein Mensch plötzlich stirbt, wenn wir von einem tragischen Unfall hören oder wenn in den Todesanzeigen der Tageszeitung allmählich immer mehr Menschen im gleichen Alter sind wie wir. Leben ist lebensgefährlich. Ist es da nicht naheliegend, Angst zu haben?
„Am besten lasse ich das alles nicht zu nah an mich heran." – „Nur nicht so viel nachdenken." – Das sind zwei Rezepte gegen die Angst vor dem Tod oder besser gesagt: die Angst vor dem Leben. Die können helfen, doch sie haben Grenzen.
Für uns Christen gibt es da noch eine andere Rettung aus der Lebensgefahr des Lebens: Ostern. In der Karwoche hat es Jesus am eigenen Leibe erfahren: Leben ist lebensgefährlich. Er musste Gewalt erdulden. Er hielt Schmerzen aus. Er erlitt schließlich den Tod. – Ist nun alles aus? – Eben nicht! Da kommt noch was! Das Leben geht weiter! Trotz allem! Auferstehung! – Ostern!
Beim Wort Ostern denken wir an Schoko-Osterhasen und bunte Eier, Osterglocken und Frühlingsspaziergang – das ist schön, doch wirklich wesentlich ist etwas anderes: Wir sind durch den auferstandenen Herrn gerettet! Denn Ostern heißt: Auch in unserem Leben ist nicht alles aus, selbst wenn wir sterben müssen. Ostern heißt: Auch für uns kommt nach dem Tod noch etwas anderes, ganz Neues. Ostern heißt: Auch für uns geht das Leben nach dem Tod weiter. Davon hat Jesus immer gesprochen. – „Wer's glaubt, wird selig", wird so mancher sagen. Und damit hat er nicht unrecht. Glauben ist wichtig. Wer glaubt, der weiß: Christus rettet! Es kann also, aus christlicher Sicht, nur noch besser werden.

Lichtgestalten und Licht gestalten

Laut Lexikon ist eine Lichtgestalt eine „angesehene Person, die das Vorbild vieler ist". Das trifft zweifellos auf die beiden Männer zu, deren Heiligsprechung uns in diesen Tagen beschäftigt. Es sind Angelo Giuseppe Roncalli, der spätere Papst Johannes XXIII., und Karol Józef Wojtyla, den wir als Johannes Paul II. kennen. Beide haben Großes geleistet. Johannes XXIII. ist der Vater des Zweiten Vatikanischen Konzils, durch das frischer Wind in die Kirche kam. Er half mit, dass die Kubakrise nicht eskalierte und zum Weltkrieg führte. Papst Johannes Paul II. war sehr menschennah. Auf vielen Reisen besuchte er die Gläubigen in aller Welt. Auch politisch setzte er sich ein; beispielsweise beim Fall des Eisernen Vorhangs. Außerdem lag ihm die Jugend sehr am Herzen. Das sind nur einige wenige Dinge, die über die beiden großen Päpste zu berichten wären. Doch sie zeigen: Das sind wahre Lichtgestalten.

Das Licht spielt in der Kirche und im Glauben überhaupt eine große Rolle. Es ist ein Symbol für Wärme, Geborgenheit, Klarheit und Erfüllung. Woher kommt dieses Licht?

Jesus hat einmal gesagt: „Ich bin das Licht der Welt." Im Johannesevangelium können wir es nachlesen (Joh 8,12). Wenn jemand also nach christlichem Verständnis eine Lichtgestalt ist, dann heißt das, das Licht, sprich das Gute, die Heiligkeit, die er ausstrahlt, kommt nicht von ihm selbst, sondern es hat seine Quelle in Christus. Johannes XXIII. und Johannes Paul II. konnten zum Licht für andere Menschen werden, weil sie offen waren für das Licht Christi und das Licht des Glaubens. Sie haben sich mit diesem Jesus auseinandergesetzt und ihn als ihr Vorbild erkannt. Gott hat jedem Menschen gute Gaben und Talente in die Wiege gelegt. Er lässt also jeden Anteil haben an seinem Licht. An uns liegt es, offen dafür zu sein und dieses Licht dann zu gestalten. Es brauchen auch keine weltbewegenden Dinge zu sein, die wir vollbringen. Auch im ganz normalen Alltag braucht es kleinere wie größere Lichtgestalten.

Muttertag

„Am 11. Mai ist Muttertag!" – Dieser Satz im Schaufenster eines Blumenladens will Kunden anlocken, informiert aber auch über einen wichtigen Termin. Am zweiten Sonntag im Mai eines jeden Jahres feiern wir den Muttertag. Seinen Ursprung hat er in einer Frauenbewegung in den USA im 19. Jahrhundert. Es ist also kein christlicher Hintergrund vorhanden – scheinbar.
Bei genauerem Hinsehen zeigt sich: Die Idee, die Mutter bzw. die Eltern zu ehren, gehört zutiefst zu unserem christlichen Empfinden. Schon in den Zehn Geboten ist das verankert. So fordert uns das vierte Gebot auf: „Ehre deinen Vater und deine Mutter, damit du lange lebst in dem Land, das der Herr, dein Gott, dir gibt."
Das ist ein schönes Wort und es zeigt: Der Muttertag ist auch aus christlicher Sicht ein sehr sinnvoller Tag. Nichts geht über die Liebe einer Mutter zu ihrem Kind. Mütter leisten Großartiges bei der Erziehung der Kinder und in der Familie. Dafür sollen sie Wertschätzung und Dank erfahren – am Muttertag.
Doch was ist in den tragischen Situationen unseres Lebens? Es gibt auch Schuld und Versagen. Beziehungen trennen sich und Familien gehen auseinander. Der Kontakt zu Mutter und Vater kann abbrechen. Es gibt Momente, in denen Kinder nichts mehr mit den Eltern anfangen können und umgekehrt. Man kann sich nicht mehr in die Augen sehen. Es gibt auch Erfahrungen von Leid und Tod – wenn Kinder durch Krankheit oder Unfall die Eltern verlieren. So ein Schmerz kann einem den Muttertag gründlich verleiden.
Bei uns Christen bleibt da der Blick auf Gott. Er bietet sich uns an als Vater und Mutter – neben den Menschen, die hier mit uns leben. Er ist immer da. Eine beeindruckende Stelle im Buch Jesaja sagt uns: „Kann denn eine Frau ihr Kindlein vergessen, eine Mutter ihren leiblichen Sohn? Und selbst wenn sie ihn vergessen würde: Ich vergesse dich nicht." – Gott vergisst mich nicht, egal was passiert. Das ist eine gute Nachricht. Sie schenkt Selbstvertrauen. Sie lässt dankbar sein – am Muttertag und an allen anderen Tagen meines Lebens.

Wonnemonat Mai

Der Monat, in dem wir uns jetzt befinden, wird gemeinhin auch „Wonnemonat" genannt. Das Wort „Wonne" hat mit Freude und Seligkeit zu tun. – Ist also der Mai ein Monat der Seligen? Wer recherchiert, erfährt, dass das Wort „Wonnemonat" aus einem Übersetzungsfehler resultiert: das althochdeutsche „wunnimanoth" ist der Ursprung. Das Wort geht bis in die Zeit Karls des Großen zurück und bedeutet eigentlich „Weidemonat". Das heißt im Klartext: Der Mai ist seit jeher der Monat, in dem nach dem Winter das Vieh wieder auf die Weide geführt werden konnte – ganz einfach. Ist also nichts los mit Seligkeit im Mai?
Jemand hat mir kürzlich geschrieben: „... die Natur Gottes ist so schön, es grünt und blüht ...". Nicht zuletzt in der Schöpfung zeigt sich im Mai eine Fülle an Wonne, Freude und Seligkeit – im satten Grün der Wiesen und Gärten, in der Farbenvielfalt der Blumen und Blüten. Junge Pflanzen gehen auf. Bäume treiben ihre Knospen aus und fangen an zu blühen. Die Sonne scheint öfter. Es wird wärmer. Die Tage werden länger. Ganz Neues entsteht. Das erfreut das Herz!
Was sich hier in der Natur andeutet, zeichnet sich auch in unserem christlichen Leben ab. – Wir katholischen Christen verehren im Mai besonders Maria, die Mutter Jesu. Sie ist eine von Gott begnadete Frau. Als solche kann sie für uns zum Grund für Wonne, Freude und Seligkeit werden. – Warum?
Maria hat Ja gesagt zum Auftrag Gottes. Sie war offen für sein Wort. Sie hatte ein Gespür für das Übernatürliche. So konnte durch sie Neues entstehen. Christus konnte in die Welt kommen. Still muntert sie uns auf, es ihr gleichzutun, denn: Wer sich selbst nicht zu wichtig nimmt, sondern Gott Raum gibt in seinem Leben, der wird freier. Der kommt los von den Bindungen der Welt, von Stress und Angst. Durch den wird Jesus lebendig.
Fazit: In ihm beginnen sich starke Gefühle neu zu regen – Wonne, Freude und Seligkeit; und das nicht nur im „Wonnemonat" Mai!

Was schaut ihr zum Himmel empor?

Generationen von Kindern kennen die Geschichte von Hans Guck-in-die-Luft aus dem Buch „Der Struwwelpeter", das seit 1845 Kinder auf nach heutigem Verständnis, drastische Weise vor angeblichem Fehlverhalten warnt und dessen Folgen aufzeigt. Hansens Blick ist so auf den Himmel fixiert, auf die Dächer, Wolken und Schwalben, dass er alles um sich herum vergisst und gar nichts mehr wahrnimmt. Da kommt es zum Zusammenstoß mit einem Hund und schließlich fällt er ins Wasser.
Diese Geschichte wollte die Kinder damals und uns heute darauf aufmerksam machen, im Leben die Augen offen zu halten, nicht in Tagträume zu verfallen, sondern wach zu sein für die Zeichen der Zeit. Das kann helfen, Gefahren zu erkennen und Hindernisse rechtzeitig zu umgehen.
Auch für unser Christsein ist so eine Haltung wichtig. – In der ersten Lesung von Christi Himmelfahrt heißt es: „Während sie unverwandt ihm nach zum Himmel emporschauten, standen plötzlich zwei Männer in weißen Gewändern bei ihnen und sagten:
Ihr Männer von Galiläa, was steht ihr da und schaut zum Himmel empor? Dieser Jesus, der von euch ging und in den Himmel aufgenommen wurde, wird ebenso wiederkommen, wie ihr ihn habt zum Himmel hingehen sehen." (Apg 1,10 f.)
Das heißt für uns Christen: Es ist wichtig, auf Jesus zu schauen, der in einer transzendenten Welt beim Vater verherrlicht ist. Es ist wichtig, zu ihm zu beten und ihm nachzuspüren.
Daneben braucht es aber auch den Blick in die Welt, die Sensibilität für meine Umgebung. Hier kann so manches im Argen sein. Hier gehört vielleicht Vieles angepackt – durch meinen persönlichen Einsatz oder das fürbittende Gebet. Es gilt, die Augen offen zu halten für die Not der anderen und für Gefahren, die mir selbst begegnen, in falschen Lebensweisen und schwierigen Lebenssituationen.
Christi Himmelfahrt bedeutet jedenfalls: Wir sind nicht allein. Jesus kommt wieder. Er ist jetzt schon da, in seinem Geist, der die Augen unseres Herzens öffnet, damit es nicht zum Fall oder Zusammenstoß kommt, sondern wir sicher das Ziel unseres Lebens erreichen.

Zusammen im Licht sein

Der französische Existenzphilosoph Gabriel Marcel (1889–1973) hat einmal gesagt: „Die Intersubjektivität [= Gemeinschaft; Anm. d. Verfassers], könnte man sagen, ist die Tatsache, zusammen im Licht zu sein." – Was sich hier hoch kompliziert anhört, ist ganz einfach. Der Philosoph meint damit: In Gemeinschaft mit anderen geht es einem besser als allein. – Stimmt das?
Der Blick in die eigene Gefühlswelt wird es bestätigen: Wer lange keinen Kontakt zu anderen Menschen hat, wird sich bald einsam fühlen; es fehlt jemand, bei dem man sich aussprechen kann; alleine kann es mit der Zeit langweilig und trostlos werden.
Gabriel Marcel bekräftigt diese Sichtweise mit dem Begriff „Licht". Gemeinschaft ist „zusammen im Licht sein". Das Licht ist bekanntlich ein positives Symbol. Es steht für das Gute, die Geborgenheit, die Klarheit. Wer in einer harmonischen Gemeinschaft lebt, erfährt dieses Licht. Er fühlt sich geborgen. Er wird akzeptiert. Er ist gut aufgehoben. Das gibt Sicherheit.
Nach Christi Himmelfahrt sind die Jünger auf sich selbst verwiesen. Bestimmt machte sich bei ihnen das Gegenteil von Licht breit: die Dunkelheit. Die ist für Marcel ein Symbol für Einsamkeit, Alleinsein, Verzweiflung. Der, auf den sie ihre ganze Hoffnung gesetzt hatten, ist nicht mehr da. Es ist alles aus. – Wirklich?
Eigentlich ist es doch irgendwie weitergegangen. Die Jünger fanden sich zusammen. Sie schöpften neuen Mut. Sie konnten das begonnene Werk Jesu Christi auf dieser Erde weiterführen.
Dabei dürfen wir nicht vergessen, dass das nicht ohne die Hilfe von Jesus möglich war. Er sorgte vor, dass auch nach seinem Fortgang Gemeinschaft erhalten blieb. Er schenkte sich den Jüngern im eucharistischen Mahl und er sandte ihnen im Pfingstereignis den Heiligen Geist. So wurde Gemeinschaft gefestigt, so entstand Kirche.
Das bedeutet für uns: Auch heute sind wir nicht allein. Christus schenkt auch uns seine Gemeinschaft: im Gottesdienst, durch seinen Geist. Es liegt an uns, diese Gaben anzunehmen und durch sie immer weiter zu wachsen. Nur so gelingt es, dass wir in unserer Kirche immer mehr „zusammen im Licht" sein können.

Firmung – was bedeutet das?

Wenn mir mein Vater von seiner Firmung erzählte, dann war immer auch von der „Watsch'n" die Rede, die er angeblich vom Bischof bekommen hat. Mir war das fremd. Ich kannte das nicht. Doch als ich im Internet nachschaute, da wurde mir klar: Der sogenannte „Backenstreich" gehörte bis 1973 tatsächlich zur Firmung dazu.

In einer Zeit, in der körperliche Züchtigung zu Recht verurteilt wird, scheint so etwas wirklich fehl am Platz zu sein. Doch so war es gar nicht gemeint. Die „Ohrfeige", der „Backenstreich" bei der Firmung sollte keine Maßregelung sein, sondern eine Bekräftigung. Wie ein Ritterschlag sollte er den Firmling stärken. Er sollte ihm sagen: Du bist wer vor Gott. An dir hat Gott Gefallen gefunden. Du bist Gott etwas wert.

Wenn es heute den Backenstreich bei der Firmung auch nicht mehr gibt, so soll sie doch noch immer eine Bekräftigung für die jungen Leute sein, voll Selbstbewusstsein und Gottvertrauen ihren Weg durchs Leben zu gehen. Andere Symbole deuten das an. Die Handauflegung seines Paten sagt dem Firmling: Du bist nicht allein. Du bist gehalten und gestärkt. Die Salbung mit dem Chrisam-Öl bedeutet: Du hast eine ganz besondere Würde von Gott. Du bist von Gott geliebt und geschätzt.

Wer so ausgestattet ist, der darf getrost seinen Weg durch's Leben gehen. Auch wenn's mal schwerfällt, weiß er: Gott ist bei mir. Er verlässt mich nicht – beim Schulabschluss, bei der Berufswahl, aber auch in aller Not und Traurigkeit.

Die Sakramente der Kirche werden heute nicht selten gedankenverloren gefeiert. Sie sind oft nur noch eine schöne Tradition. Doch sie bergen einen großen Reichtum in sich: Gott ist da in unserer Welt und in unserem Leben. Wir sollten das den jungen Leuten, die zur Firmung kommen, mitgeben und uns auch selbst bewusst sein: Gott demütigt nicht, sondern er bestärkt. Gott unterdrückt nicht, sondern er schenkt das Heil. Gott verurteilt nicht, sondern er führt uns zum ewigen Leben. Was gibt es Größeres? In der Firmung sagt er uns das zu! Nehmen wir es an!

Fußball – unser Leben?

Vor einiger Zeit hat die Fußballweltmeisterschaft in Brasilien begonnen. Sie verspricht, ein sehr spannendes Turnier zu sein. Top-Spiele kommen noch. Es wird bestimmt auch die eine oder andere Überraschung geben. Trotz allem fehlt mir etwas: das WM-Lied der Nationalmannschaft. Seit den 90er-Jahren gibt es das nicht mehr, doch ein Titel ist mir in Erinnerung geblieben. Beckenbauer & Co. sangen zur Fußball-WM 1974 das Lied „Fußball ist unser Leben".
Wenn es auch keinen WM-Song der Nationalelf mehr gibt, die Überschrift aus den Siebzigern ist heute mehr als aktuell: „Fußball ist unser Leben" – deutlich wird das auf vielerlei Weise: In den Supermärkten gibt es vom Fan-Artikel über WM-Bier bis hin zu den verschiedensten WM-Knabbereien alles, was das Tifosi-Herz begehrt, sogar den neuen Flachbild-Fernseher pünktlich zum Anstoß. Viele Gaststätten werben damit, dass der Gast am Bildschirm die Spiele live miterleben kann. Autos fahren geschmückt mit Fahnen und Wimpeln durch die Straßen – „Fußball ist unser Leben".
Es ist schön, wenn sich Menschen für etwas begeistern können. Es ist schön, wenn sich diese Begeisterung im gemeinsamen Jubel über den Sieg einer Mannschaft zeigt. Aber sollte das wirklich schon das Wichtigste im Leben sein? Fußball – unser Leben?
Jedem sei die Freude an einem guten Fußballspiel gegönnt. Wenn er sich über den Sieg seiner Mannschaft herzlich freuen kann – umso besser.
Doch das soll ihn nicht darüber hinwegtäuschen, dass der Fußball nur eine, wenn auch angenehme Nebensache ist.
Könnten diese Dinge nicht noch mehr Relevanz im Leben haben? Wie steht es mit dem Fair Play in meinem Alltag? Wie gehe ich mit meinen Mit- bzw. Gegenspielern im Leben um? Ist mir der Fußballgott wichtiger als der persönliche Gott, der mich seit Geburt und Taufe im Leben begleitet? Gilt für mich die Mannschaft meines Lieblingsvereins mehr als meine eigene Familie? Zeige ich lieber für mein WM-Team Flagge als für meinen persönlichen Glauben? – Mit Verlaub! All diese Fragen sollten wir uns im Kontext der WM stellen lassen, was aber nicht heißen mag, dass wir kein spannendes Fußballspiel mehr genießen dürfen.

Petrus und Paulus

Menschen in Führungspositionen müssen bestimmte Voraussetzungen erfüllen. Ausdauer, Zielstrebigkeit, Verantwortungsbewusstsein, Willenskraft, Teamgeist, Konfliktfähigkeit, Mut – all das sind Schlagworte, die mir einfallen. Ob die beiden Personen, um die es hier geht, all diese Eigenschaften hatten? –
Da bin ich mir nicht sicher.
Petrus und Paulus, deren Fest die katholischen Christen am 29. Juni feiern, waren jedenfalls echte Führungspersönlichkeiten. Sie blieben aber hinter manchen Idealvorstellungen weit zurück. Petrus ließ sich leicht verunsichern und wusste nicht wirklich, ob der Weg mit Jesus der richtige sei. Außerdem fürchtete er um sein Leben, als es darauf ankam. Er verleugnete Jesus in dessen schwersten Stunden vor seiner Kreuzigung. Er wollte von seinem Herrn vor lauter Angst plötzlich nichts mehr wissen.
Auch Paulus war nicht der perfekte Christusnachfolger. Er war sogar der eifrigste Verfolger der neuen Lehre. Bis auf's Blut hat er die Christen verfolgt. Wie sollte aus so jemandem eine Führungspersönlichkeit in der Kirche werden?
Trotz allem – aus beiden ist etwas geworden. Petrus wurde der erste Papst, der Erste der Apostel, das Fundament der Kirche. Paulus wurde zum größten Missionar. Bis an die Grenzen der damals bekannten Welt brachte er das Evangelium.
Wie konnte das gehen? Es gibt nur eine Antwort: Jesus selbst hat die beiden befähigt. Zum einen sagte er: „Du bist Petrus, der Fels. Auf dir werde ich meine Kirche bauen." Und den anderen rührte er mit den Worten an: „Saul, Saul, warum verfolgst du mich?"
Das zeigt: Gewisse Voraussetzungen sind wichtig, um Verantwortung zu übernehmen. – Das ist aber noch nicht alles. Wichtig ist auch die Berufung! – Das lässt aufhorchen: Was will Gott von mir? Was ist meine Berufung? – Jedenfalls dürfen wir zuversichtlich sein: Gott kann auch Menschen brauchen, die nicht alle Kriterien erfüllen, die oben genannt sind. Das beste Beispiel dafür sind die Apostel Petrus und Paulus.

Ganz und gar nicht altmodisch

Gehen Sie auch gern auf den Flohmarkt? Da gibt es jedenfalls einiges zu sehen und zu entdecken. Zugegeben, auf den ersten Blick ist vieles nicht mehr zeitgemäß und altmodisch – Krempel eben. Da gibt es abgetragene Kleidung, ausgetretene Schuhe, kitschige Bilder, alte Möbel und ganz viel anderes mehr. Alles scheint irgendwie aus der Mode gekommen zu sein, abgelegt.
Doch dann, wenn ich einige Zeit herumgegangen bin, finde ich doch das ein oder andere Stück, das mir gefällt: eine Münze, die in meiner Sammlung noch fehlt, eine Schallplatte mit dem Lieblingslied aus der Jugendzeit oder ein Ölgemälde, das gut in mein Wohnzimmer passt. Wahre Schätze können das sein – alte Dinge, die der Seele Freude machen.
Diese kurze Schilderung von einem Flohmarktgang könnte auch ein Bild für die Vorstellung vieler Menschen von Kirche und Christentum sein. Auch hier gibt es Dinge, die einem antiquiert und veraltet vorkommen. Traditionen wurden von Generation zu Generation weitergegeben. Manche werden heute nicht mehr verstanden und wenn, dann nur noch von den Älteren unter uns.
Ich bin überzeugt: Auch in unserer Religion ist so mancher kostbare Schatz verborgen. Der muss vielleicht erst einmal gehoben und freigelegt werden. Und für jeden persönlich sieht so ein Schatz, so eine Perle, anders aus. Wichtig ist, wach dafür zu sein und die Augen offen zu halten. Mir kommen einige Beispiele in den Sinn: Ein Wort, das ich entdecke, wenn ich wieder einmal in der Bibel lese, kann meine Sorgen und Probleme ansprechen und Mut machen. Ein schönes Gebet, an das ich mich erinnere, das vielleicht meine Mutter mit mir gebetet hat, an Gott gerichtet, wenn ich nicht mehr weiterweiß, kann entlasten und trösten. Die Erfahrung von Gemeinschaft, wenn ich nach langer Zeit wieder zum Gottesdienst gehe, gibt mir das Gefühl, nicht allein zu sein.
Das könnten solche Fundstücke sein. Aber noch ganz viele andere wertvolle Dinge könnte man sicherlich finden – und die sind ganz und gar nicht altmodisch. Man muss nur danach suchen!

Damit alles rundläuft

Mich faszinieren mechanische Uhren. Es ist erstaunlich, wie so eine Uhr, mit einem Durcheinander von Zahnrädchen in ihrem Inneren, funktioniert. Es gibt ein Zusammenspiel vieler Teile. Was ich dann auf meiner Uhr ablesen kann, ist die genaue Uhrzeit. Ich bekomme Orientierung. Ich weiß, was die Stunde geschlagen hat. Ich bin „up to date". Ich weiß, wie spät es ist – genau, mit Präzision.
Die Zahnräder einer Uhr können die Personen in einer Gemeinschaft versinnbildlichen. In jeder Gemeinschaft ist es wichtig, dass die zu ihr gehörenden Glieder in ihr zusammenwirken und -arbeiten wie Rädchen. Nur so ist gute Arbeit möglich und gelingt ein harmonisches Miteinander. Es läuft alles rund. Es gibt gemeinsame Ziele.
Es ist aber immer auch die Möglichkeit gegeben, dass Sand ins Getriebe kommt. Dann ist es notwendig, die Uhr zu überholen, alle beweglichen Teile zu überprüfen und zu reinigen und durch die richtige Ölung in Betrieb zu halten.
Als Hilfe, dass die einzelnen Rädchen in Gruppen und Gemeinschaften gut ineinandergreifen, sprich, die einzelnen Personen, die zu ihnen gehören, gut miteinander auskommen, gibt es eine Richtlinie, die Jesus uns mit auf den Weg gibt. Es ist die „Goldene Regel": „Was ihr von anderen erwartet, das tut ebenso auch ihnen" (Lk 6,31). Sprichwörtlich gibt es das in unserem Sprachgebrauch auch: „Was du nicht willst, das man dir tu, das füg' auch keinem anderen zu." Diese Regel ist wie die Revision, die Wartung eines Uhrwerks, die Regulierung von Gangdifferenzen.
Wir alle haben auf die verschiedenste Weise Gemeinschaft mit Menschen: in der Familie, im Betrieb, in der Gemeinde, in der Schule, im Verein, in der Kirche – überall ist wichtig: Was erwarte ich von meinen Mitmenschen? Kann ich ihnen Gleiches auch zugestehen? Wenn das nicht möglich ist, kann Gemeinschaft nicht gelingen, dann ist Revision nötig. Wenn aber doch, werden die Zeichen der Zeit gemeinsam erkannt und die Zahnräder greifen gut ineinander. Es läuft alles rund. Wie bei einer präzise gehenden mechanischen Uhr.

Wasser erfrischt und belebt

Bei den heißen Temperaturen sommerlicher Tage ist es erfrischend und belebend, in einen See zu springen und ein paar Runden zu schwimmen. Das kühle Nass lässt die Hitze vergessen. Es fördert die Erholung nach schweißtreibender Arbeit. Es schenkt das Gefühl, wie neugeboren zu sein.
Angenehm ist es auch, bei einer anstrengenden Bergwanderung die Füße in einen Gebirgsbach zu hängen. Hier schenkt das Wasser ebenfalls Erfrischung und belebt den Körper. Ganz zu schweigen von der Lebendigkeit, die das Fließen so eines Baches durch sein Rauschen und Plätschern sowieso schon mit sich bringt.
Das Wasser ist überhaupt ein lebenswichtiges Element. Ohne Wasser wäre unsere Erde wüst und leer. Weder Pflanzen noch Tiere noch Menschen könnten existieren. Nichts hätte eine Chance, sich zu entfalten und zu wachsen.
Da ist es verständlich, dass das Wasser zu einem Symbol für das Leben geworden ist. Natürlich belegt das die Bibel: Jesus spricht zu der Frau am Jakobsbrunnen von dem lebendigen Wasser, das er den Menschen geben will (Joh 4,14). In der Offenbarung des Johannes ist von dem Strom die Rede, der vom Thron Gottes und des Lammes ausgeht und alle Welt mit dem lebensspendenden Nass versorgt (Offb 22,1). Noch weitere Beispiele könnten angefügt werden.
In der Kirche begegnet uns das Wasser auch. Am Kirchenportal werden wir eingeladen, uns mit geweihtem Wasser zu bekreuzigen. Dabei erinnern wir uns an unsere Taufe. Sie ist das Sakrament, durch das ein Christ in die Gemeinschaft der Kirche aufgenommen wird.
Auch bei der Taufe ist das Wasser, mit dem der Täufling übergossen wird, ein Symbol für Leben. Bei jeder Taufe wird bestätigt und bekräftigt: Der Mensch ist von Gott geliebt. Gott lässt ihn nicht los. Er schenkt ihm ein unverlierbares Leben – von Kindheit an und über den Tod hinaus. Da der Mensch solche Zusagen mit dem Verstand kaum fassen kann, braucht es Zeichen und Symbole – wie das Wasser, das erfrischt und belebt.

Ab nach Rom!

Rom ist immer eine Reise wert! Die „Ewige Stadt" besticht durch die Vielfalt der Eindrücke, die sie dem Gast bietet – historisch, religiös, kulturell und natürlich auch kulinarisch. Also, worauf warten Sie noch? – Ab nach Rom!
Dieser Einladung folgten die Ministrantinnen und Ministranten aus den deutschen Bistümern. Über 45.000 machten sich auf den Weg. Auf dem Programm der Ministrantenwallfahrt, die alle vier Jahre stattfindet, standen Gottesdienste und natürlich eine Audienz mit Papst Franziskus, der Besuch der Katakomben, die Fahrt nach Ostia ans Meer. Natürlich durften auch diese weltberühmten Sehenswürdigkeiten nicht fehlen: Petersdom, Engelsburg, Piazza Navona, Spanische Treppe, Fontana di Trevi, Capitol, Pantheon usw. Und etwas gönnen durfte man sich auch, etwa in der „Tazza d'Oro", der „Goldenen Tasse", dem Café mit dem angeblich besten Espresso der Welt, oder im „Giolitti", einer ausgezeichneten Eisdiele mit einer sagenhaften Auswahl der verschiedensten Eissorten.
Bei so einem Anlass ist es schön, zu sehen, wie begeisterungsfähig die jungen Menschen sind – bei der Romfahrt, aber auch im Alltag in den Pfarreien. Gottesdienst für Gottesdienst tun die Ministranten ihren Dienst und man merkt: Das ist ihnen wichtig. Natürlich muss so ein Einsatz belohnt werden und das nicht zuletzt durch die Romwallfahrt.
So führte der Weg natürlich auch ins antike Rom. Das Colosseum, der Circus Maximus und auch das Forum Romanum sind stumme Zeugen einer vergangenen Epoche. In die Zeit des alten Rom, in der es auch Christenverfolgungen gab, gehören die Apostel Petrus und Paulus. Für sie wurde Rom zu einem Ort der Entscheidung. Sie hielten mit starkem Glauben an Christus fest. Für ihn gingen sie sogar in den Tod. Gedenkstätten dafür sind der Petersdom und die Basilika St. Paul vor den Mauern. In dieser beeindruckenden und sehenswerten Kirche fand übrigens der Auftaktgottesdienst der Ministrantenwallfahrt statt. Ich freute mich im Vorfeld sehr darauf und wurde nicht enttäuscht! – Sind nicht auch Sie jetzt auf den Geschmack gekommen? Also dann! Worauf warten Sie noch? – Ab nach Rom!

Die große Stille

Vor fast zehn Jahren erregte ein Dokumentarfilm Aufsehen, der unter dem Titel „Die große Stille" in die Kinos kam. Der deutsche Regisseur Philip Gröning zeigt in seinem Werk das Leben im Kartäuserkloster La Grande Chartreuse bei Grenoble in Frankreich. Der Kartäuserorden wurde im Jahr 1084 vom heiligen Bruno gegründet. Zur Spiritualität des Ordens gehören Abgeschiedenheit, Stille und Schweigen. Die Mönche leben in Gemeinschaft, begegnen sich aber nur beim gemeinsamen Gebet, dem wöchentlichen Spaziergang sowie dem sonntäglichen Mittagessen. Ansonsten ist das Leben auf Gebet und Meditation in der eigenen Zelle beschränkt, begleitet von regelmäßiger handwerklicher Arbeit.
So ein Leben ist für die meisten nicht erstrebenswert. „Da geht doch das Leben an mir vorbei!" oder „Was habe ich denn da noch vom Leben?", können Gedanken sein, die einem durch den Kopf gehen. Doch trotzdem kann der Film „Die große Stille" faszinieren. Ein Grund dafür ist sicher, dass der Mensch in sich eine Sehnsucht nach Ruhe und Stille trägt. Natürlich ist dieses Verlangen nur bei ganz wenigen so ausgeprägt wie bei einem Kartäusermönch, aber es ist doch da. Nicht umsonst haben sich Menschen immer wieder in die Einsamkeit zurückgezogen. Hier gibt es keine Nebengeräusche, die ablenken. Hier kann sich die Konzentration ganz auf Gott richten. In der Bibel wird ebenfalls berichtet, dass Gott in der Stille zu finden ist. Diese Erfahrung machte der Prophet Elija. Er entdeckte: „Gott ist weder im Sturm, noch im Erdbeben und auch nicht im Feuer, sondern im sanften, leisen ‚Säuseln' des Windes, also in der Stille". (1 Kön 19,11–12)
Jeder braucht mal diese Stille – um abzuschalten und auszuruhen. Die Urlaubszeit bietet Gelegenheit, Räume der Stille aufzusuchen und zu genießen. Dazu braucht es keine weite Reise, denn das gibt es auch bei uns: Kirchen, deren Inneres still ist, damit Gottes Nähe erfahrbar wird, oder Klöster, die gastfreundlich Menschen aufnehmen, die ein paar stille Tage verbringen möchten. Das sollen nur einige bescheidene Impulse dafür sein, „die große Stille" im eigenen Leben zu erfahren.

Sicheren Boden unter den Füßen

In einem schönen Winkel Bayerns, in der Nähe von Fischbachau, nicht weit weg vom Schliersee, befindet sich das sehr sehenswerte Wallfahrtskirchlein Maria Birkenstein. Dieser Ort ist ein beliebtes Ausflugsziel, und nicht nur Naturfreunde kommen in der schönen Gegend auf ihre Kosten. So mancher Pilger kommt mit einem Päckchen beladen, mit der einen oder anderen Sorge, die er durch Maria vor Gott bringen will. Und viele gehen befreit von diesem Ort weg, mit der Gewissheit, in ihrem Bitten Gehör gefunden zu haben, auch wenn sich die Dinge dann doch nicht so fügen, wie sie das selber erwartet hätten, und der Wille Gottes akzeptiert werden muss. Menschen finden also wieder neuen Halt – ein Phänomen von Maria Birkenstein und anderen Wallfahrtsorten.
Was der Grund für diese Erfahrung sein könnte, deutet sich mir bildlich an, wenn ich auf die Baugeschichte der Kapelle sehe. Der Baugrund ist ein großer, oben flacher Stein. Also etwas Festes, Massives, ein Fels verleiht der Kapelle Standsicherheit. Dieses gute Fundament hilft, dass das Kirchlein nun schon seit Ende des 17. Jahrhunderts sicher steht. Schon seit dieser Zeit kommen Menschen mit ihren Nöten hierher. Hier befindet sich ihr beständiges Ziel und zuverlässiger Halt.
An dem Beispiel von Maria Birkenstein wird deutlich, was auch für die große Gesamtkirche gilt. Damit sie für die Menschen da sein kann, muss sie fest am Boden verankert sein. Die Kirche braucht ein Fundament, das trägt und hält. Im Evangelium vom kommenden Sonntag sagt Jesus zu Petrus: „Du bist Petrus, und auf diesen Felsen werde ich meine Kirche bauen, und die Mächte der Unterwelt werden sie nicht überwältigen“ (Mt 16,18). Hier „erdet“ Jesus seine Kirche. Er lässt sie nicht im luftleeren Raum zurück. Er vertraut sie einem Menschen an, der nicht perfekt ist, der aber mit beiden Beinen im Leben und Glauben steht. Unsere Aufgabe heute ist es, ihn als Vorbild zu sehen, damit wieder mehr Menschen die Kirche als sicheren Boden unter den Füßen, als Halt und Stütze im Leben erfahren können.

Gipfelerfahrungen

In zahlreichen Gemeinden ist es üblich, eine Bergmesse zu feiern. Man macht sich gemeinsam auf den Weg auf einen Berg. Man nimmt den oft steilen und anstrengenden Aufstieg in Kauf oder wählt, wenn es geht, die bequemere Auffahrt mit der Seilbahn.
Ist es etwas Besonderes, auf dem Gipfel eines Berges Gottesdienst zu feiern? Lohnt es sich, da teilzunehmen?
In vielen Kulturen spielen markante Berge eine wichtige Rolle. Mir fällt der Kilimandscharo in Tansania ein. „Kilima-njaro" bedeutet in der Sprache der Einheimischen „Haus Gottes". Auch der Mount Fuji, das Wahrzeichen Japans, gilt im Shintoismus, der Religion des Landes, als heiliger Berg. Wir kennen den Olymp als Sitz der Götter in der griechischen Mythologie. In Australien ist der Uluru oder Ayers Rock das unbedingte Ziel einer jeden Reisegruppe. Der schon von Weitem rötlich leuchtende Berg ist den Aborigines, den Ureinwohnern des Kontinents, ein wichtiger Ort der Begegnung mit dem Göttlichen.
Auch in unserer christlichen Religion sind Berge ein Thema. Davon berichtet die Bibel im Alten wie im Neuen Testament: Auf dem Berg Ararat bekommt die Arche Noah zum ersten Mal nach der großen Flut wieder Kontakt mit dem Erdboden. Auf dem Berg Horeb erhält Mose die Gesetzestafeln. Dort ist ihm Gott schon im brennenden Dornbusch begegnet. Jesus belehrt die Menschen am Berg der Seligpreisungen. Auf dem Berg Tabor wird er vor den Augen einiger seiner Jünger verklärt. Er erstrahlt in einem hellen, übernatürlichen Licht – als Vorahnung auf die Auferstehung.
Im Christentum wie in vielen anderen Religionen gibt es also Gipfelerfahrungen, die mit der Erfahrung einer himmlischen, göttlichen Welt zu tun haben.
Da kommt es nicht von ungefähr, dass Menschen auf einem Berg das Gefühl haben, Gott besonders nahe zu sein. Wer schon einmal an einem Gipfelkreuz stand, kann das begreifen. Bei klarem Wetter schweift der Blick weit in die Ferne. Die wunderbare Schöpfung Gottes zeigt sich in einem ganz besonderen Licht, in all ihrer Pracht. Was gibt es da Schöneres als hier Gottesdienst zu feiern und Gott für das alles zu danken?

Das Kreuz mit dem Kreuz

Was eigentlich ein grausames Hinrichtungswerkzeug ist, wurde zum Symbol einer Weltreligion: das Kreuz. Am 14. September feiert die Kirche das Fest Kreuzerhöhung, an dem dieses Symbol einen eigenen Gedenktag erhalten hat.
Der Legende nach soll das Kreuz Christi an diesem Tag im Jahre 335, einen Tag nach dem Jahrestag seiner Auffindung durch die Kaiserin Helena, in der neu geweihten Konstantinischen Basilika in Jerusalem den Gläubigen gezeigt, also „erhöht", das heißt hoch gehalten worden sein. Neben seiner auch auf diese Weise überlieferten Historizität, hat das Kreuz vor allem eine spirituelle Bedeutung für uns Christen.
Es gibt den Ausspruch „Das ist ein Kreuz ..." – mit den Kindern, dem Nachbarn oder dieser und jener Lebenssituation. Das heißt, ich tue mich mit etwas schwer. Ich muss eine Last tragen. Konflikte und Probleme lösen sich nicht einfach auf.
Wenn ich dieses Kreuz allzu sehr spüre und es auf der Seele drückt und schmerzt, dann bietet sich der Blick auf Jesus Christus an, der das schwere Kreuz vorangetragen hat. Ihm wurde noch viel mehr aufgebürdet. Er hat es tragen müssen. Er konnte es nicht loswerden: Verurteilung, Schmähung, Züchtigung, Demütigung, Kreuz, Tod – ganz real. Und doch lässt gerade sein Weg hoffen: Er führt vom Tod zum Leben. Die letzte Konsequenz ist die Auferstehung – eine Zusage für mich.
Kreuz heißt auch: Lebenspläne werden durchkreuzt: durch Krankheit, plötzlichen Tod, Unfall, Behinderung. Auch hier: Jesus ist da. Er hat das alles erlebt. Er besiegt den Tod. Er schenkt Leben.
Noch ein dritter Gedanke kommt mir beim Kreuz: Es besteht aus einem im Erdboden verankerten Längsbalken und aus einem Querbalken, der daran befestigt ist. Das Kreuz verbindet Oben und Unten, Himmel und Erde, Gott und die Menschen. Außerdem erinnert mich das Querholz an die zur Umarmung offenen Arme Jesu Christi, die er jedem entgegenhält, der sich von ihm berühren lassen will. Es lohnt sich, auch ihm die offenen Arme entgegenzuhalten und das gerade in den Kreuzen des Lebens.

Mensch,
und Noth für
I.N.
R.I.
für mich

Selig, die Frieden stiften

In diesem Jahr begingen wir zwei runde Jahrestage, die uns an katastrophale Ereignisse in der Weltgeschichte erinnerten: Am 28. Juli jährte sich der Beginn des Ersten Weltkriegs zum hundertsten Mal und am 1. September vor fünfundsiebzig Jahren brach der Zweite Weltkrieg aus. Beide Kriege brachten unendlich viel Leid über die Menschen. Millionen von Opfern klagen das Geschehene an. Die Älteren unter uns erinnern sich. Für die jüngeren Generationen ist dieses Leid unvorstellbar.
Lernen die Menschen aus ihren Fehlern? Offenbar nicht! Bis in unsere Tage wird gekämpft. Aktuell lassen uns Meldungen aus der Ukraine und dem Irak den Atem anhalten. Die Angst vor der Ausweitung zu weltweiten Konflikten ist spürbar.
Wie kann gerade ich als Christ damit umgehen? Was kann ich tun, wo doch die intensivsten diplomatischen Friedensbemühungen nur mit viel Mühe wirklich Greifbares bewirken?
Dass ich als Einzelner nicht in globale Vorgänge eingreifen kann, ist klar. Aber ich kann in meiner unmittelbaren Umgebung viel bewirken. Helfen kann mir dabei der Blick auf Jesus: Was sagt er zum Thema Gewalt? Was ist seine Weisung?
Ganz spontan fällt mir die Bergpredigt ein. Da kommen zwei wichtige Aussagen vor. Jesus sagt: „Selig, die keine Gewalt anwenden; denn sie werden das Land erben" (Mt 5,5) und „selig, die Frieden stiften; denn sie werden Söhne Gottes genannt werden" (Mt 5,9).
Wenn ich diese Worte ernst nehme, leuchtet mir ein, dass jegliche Form von Gewalt verabscheuungswürdig ist, nicht nur Menschen gegenüber, sondern auch vor Gott. Meine Überzeugung und mein Glaube sagen mir, dass in letzter Konsequenz Gewaltherrschaften keinen Bestand haben werden.
Den Weisungen Jesu zu folgen, heißt jedenfalls, selbst zu einer Atmosphäre des Friedens beizutragen: im Umgang mit den Mitmenschen und durch das ständige Gebet für die Menschen in den Krisenregionen und um den Frieden in der Welt.

O'zapft is!

„O'zapft is!" – mit diesem Ausruf des Münchener Oberbürgermeisters hat es am 20. September begonnen, das 181. Oktoberfest. Der Gedanke daran löst bei so manchem Menschen die verschiedensten Assoziationen aus, und nicht nur positive. Überfüllte Bierzelte, ausschweifende Partys, überhöhte Bierpreise, übertriebene Mengen konsumierten Alkohols, der Tanz auf den Tischen, alkoholisierte Menschen, die keine Orientierung mehr haben und vielleicht ärztliche Hilfe brauchen – zugegeben, all das gibt es auf dem Oktoberfest, ohne Übertreibung. Doch darf man nicht außer Acht lassen, dass das Fest auch Menschen zueinanderführt.
Wenn ich im Italienurlaub sage, woher ich komme, ist ein Thema oftmals auch das Oktoberfest. Die großen Bierkrüge sind beeindruckend für die Menschen aus südlichen Ländern und ich komme mit ihnen leichter ins Gespräch. Schön ist es auch, die Blaskapelle des eigenen Dorfes beim Festzug spielen zu hören. Es ist etwas ganz Besonderes, da aktiv dabei zu sein. Ebenso ist es angenehm, an einem Sonntagnachmittag einfach gemütlich über die Wiesn zu schlendern, die vielen verschiedenen Stände, Fahrgeschäfte und Buden zu sehen und eine gute Maß Bier und eine Brotzeit zu genießen, noch bevor der abendliche Trubel beginnt. Mich beeindrucken auch immer sehr die Pferdegespanne der großen Brauereien, die sichtlich gehegt und gepflegt ihren repräsentativen Dienst tun.
All das macht Freude und ist auch aus christlicher Sicht nicht verboten. Leider habe ich in der Bibel keine Stelle über das Bier gefunden, doch ein Psalmwort, das den Wein zum Thema hat, gibt es allemal. In Psalm 104 ist zu lesen: „Du lässt Gras wachsen für das Vieh, auch Pflanzen für den Menschen, die er anbaut, damit er Brot gewinnt von der Erde und Wein, der das Herz des Menschen erfreut, damit sein Gesicht von Öl erglänzt und Brot das Menschenherz stärkt" (Ps 104,14 f.).
Gute Nahrung ist sehr wichtig, um den Körper am Leben zu erhalten, aber auch die Freude darf nicht zu kurz kommen. Sie macht das Leben erst lebenswert. Die erlebe ich in geselliger Runde mit lieben Menschen, vielleicht auch auf dem Münchener Oktoberfest.

CAFE

Dahoam is dahoam

„Dahoam is dahoam" lautet der Titel einer beliebten Serie im Bayerischen Fernsehen. Die Sendung schildert das Leben in dem fiktiven bayerischen Dorf Lansing. Die Alltagsszenen unterhalten und regen den Zuschauer zum Mitfühlen an. Sie geben am Fernseher Anteil am Leben, das die Akteure im Film darstellen. Dabei werden Erfahrungen geschildert, die jeder einmal macht – Freude und Leid.
Der Titel „Dahoam is dahoam" sagt auch, dass das „Dahoam", also die Heimat, wichtig ist. Die Heimat kann nichts und niemand ersetzen. Das Wort „Dahoam" spricht für sich selbst: „Dahoam is dahoam". „Dahoam", also „daheim" zu sein, fühlt sich gut an. Es gibt Vertrautheit. Daheim darf ich sein, wie ich bin.
Neben der Wohnung oder dem Haus haben wir Christen noch einen Ort, an dem wir uns daheim fühlen dürfen: in der Kirche. Der Kirchweihsonntag erinnert daran. Persönlicher Glaube findet im Bauwerk Kirche, im Gotteshaus, eine Heimat. Die Räumlichkeit stiftet Vertrauen. So sind wir an diesem realen Ort mit allen großen und kleinen Sorgen und mit jeder noch so banalen Szene unseres Lebens aufgehoben.
Und noch etwas: So wie ich in meinem Heimatort mit den Menschen, die dort leben, vertraut bin, so soll es auch in meiner Kirche sein. Sie ist ein Ort der Gemeinschaft, an dem es gelingen sollte, sich in die Augen zu sehen. Sie ist aber vor allem ein Ort der Begegnung mit Gott. Er gehört für mich zum Alltag. Gerade in der großen Alltäglichkeit meines Lebens zeigt sich seine Nähe. Ich darf ihm mein Leben hinhalten, damit er es segnet und heilt. Seien es die kleinen Alltagssorgen oder die großen Schicksalsschläge, beides kommt in der Fernsehserie wie in unserem Leben vor. Ein Ort, unser Leben Gott anzuvertrauen, ist die Kirche.
Es gibt noch etwas Bemerkenswertes: Heimat bietet mir die Kirche an dem Ort, an dem ich wohne. Das feiern wir am Kirchweihsonntag. Aber auch jede andere Kirche in der weiten Welt ist ein Stück Heimat. Wo auch immer ich eine Kirche betrete, gelten die Worte: „Dahoam is dahoam".

Inspiration

Besondere Persönlichkeiten unseres christlichen Glaubens sind die vier Evangelisten. Einer davon ist Lukas, dem das Lukasevangelium und die Apostelgeschichte zugeschrieben werden. Sein Fest feiert die Kirche am 18. Oktober. Der Überlieferung nach war er ursprünglich Arzt und hat im ersten Jahrhundert gelebt. Lukas wird mit einem geflügelten Stier dargestellt. Er ist sein Attribut. Außerdem gibt es Legenden, die berichten, dass er nicht nur gut schreiben, sondern auch malen konnte. Angeblich hat er Maria und die Apostel Petrus und Paulus als Erster ikonografisch dargestellt.
Ich kenne Bilder vom heiligen Lukas, auf denen er arbeitet. Entweder schreibt er an einer Schriftrolle oder er hat eine Ikone mit dem Bildnis Mariens auf dem Schoß, an das er gerade den Pinsel ansetzt. Das Besondere daran ist: Hinter seinem Kopf ist ein kleiner Engel dargestellt, der ihm etwas ins Ohr flüstert.
Um was es sich dabei handelt, können wir uns denken. Die frühen Künstler deuten an: Lukas wird inspiriert. Das Wort „Inspiration" kommt vom lateinischen „inspiratio", d. h. „Beseelung". Die Schaffenskraft des Lukas entspringt also nicht nur seinem eigenen, persönlichen Bemühen, Können und Talent. Da ist noch eine andere Kraft am Werk, eine göttliche.
Große Werke der Literatur, der Musik und der bildenden Kunst lassen, wie die ganze Schöpfung, auf einen Gott schließen, der unsere Welt kunstvoll geschaffen hat. In diesen Schöpfungsprozess sind wir alle eingebunden.
Ich kann mich also fragen: Wo liegen meine Talente, damit ich schöpferisch tätig sein kann? Bin ich bereit, mich inspirieren zu lassen? Was kann so in meinem Leben Neues entstehen?
Es können verborgene Fähigkeiten ans Licht kommen, im kunstschaffenden Bereich, aber auch im sozialen, mitmenschlichen. Wir erinnern uns: Zunächst war Lukas Arzt. Er war also für seine kranken Mitmenschen da. Dann wurde er berufen, ein großer Seelsorger zu sein. Er half mit, die Botschaft Jesu zu den Menschen zu bringen.
Bin auch ich, wie der Evangelist Lukas, offen für die Inspiration, mit der Gott mich ansprechen und auf vielfältige Weise befähigen will?

Gesprengte Ketten

„Gesprengte Ketten" – unter diesem Titel erregte in den Sechzigerjahren des vorigen Jahrhunderts ein US-amerikanischer Spielfilm Aufsehen. Besetzt mit weltberühmten Schauspielern wie Steve McQueen, Richard Attenborough, James Coburn und Charles Bronson, erzählt der Streifen vom Ausbruchversuch amerikanischer und britischer Kriegsgefangener aus einem deutschen Gefangenenlager während des Zweiten Weltkriegs. Wer den Film sieht, spürt den Freiheitsdrang, den die Darsteller nach historischen Tatsachen verkörpern. Freiheit ist ein hohes Gut. Dafür lohnt es sich, zu kämpfen, Wagnisse einzugehen und sogar sein Leben aufs Spiel zu setzen. Freiheit braucht jeder, dessen Leben gelingen soll.
„Gesprengte Ketten", diese Worte erinnern auch an den heiligen Leonhard (Gedenktag: 6. November). In vielen Kirchen sind Bilder und Figuren von ihm zu sehen. Oft hält er Ketten in den Händen. Auch das hat mit dem Verlangen nach Freiheit zu tun.
Der heilige Leonhard, der im sechsten Jahrhundert nahe der Stadt Limoges in Frankreich lebte, zog sich, nachdem er Mönch geworden war, in die Einsamkeit zurück. Regelmäßig kamen Kranke und Leidende zu ihm. Er heilte sie. Außerdem besuchte er Gefangene. Für sie legte er beim König Fürbitte ein. Der Legende nach kamen viele von ihnen frei. Die Ketten sollen einfach von ihnen abgefallen sein.
Wenn sich in zahlreichen Gemeinden Menschen mit ihren Pferden und Wagen zu Leonhardiritt oder -fahrt aufmachen, denken sie an Sankt Leonhard. Sein Vorbild regt an, auch heute Gott in den vielfältigen Anliegen der Menschen zu bitten, die auf die eine oder andere Weise gefangen sind. Dazu gehören alle, die in den Krisenregionen der Welt leben. Sie sind gefangen in der Bedrohung von Krieg und Gewalt. Aber auch in unserer vermeintlich reichen und gesegneten westlichen Welt tut Befreiung not, Befreiung aus der Gefangenschaft des Konsums, aus Süchten, Abhängigkeiten und Gleichgültigkeit.
Das Beispiel des heiligen Leonhard ermutigt uns jedenfalls, mit ihm in diesen Anliegen zu beten, denn: Wo er wirkte und sich für die Belange der Unterdrückten einsetzte, da blieb nichts anderes zurück als „gesprengte Ketten".

Mauern überspringen

Der 9. November wird auch der „Schicksalstag der Deutschen" genannt. An diesem Tag jähren sich wichtige Ereignisse der deutschen Geschichte. 1918 wurde nach dem Ende des Ersten Weltkrieges die Republik ausgerufen. 1938 fanden die Novemberpogrome statt, als eine Konsequenz der Diktatur und als Zeugnis des dunkelsten Kapitels in der Historie unseres Landes. 1989, genau vor 25 Jahren, kam es zum Fall der Berliner Mauer als einem Vorboten der deutsch-deutschen Wiedervereinigung.
Alle drei Ereignisse sind wie Symbole der Erschütterung, aber auch des Wandels. Niemand hätte wohl in den Jahren vor dem Ersten Weltkrieg gedacht, dass einmal die Monarchie, die in den meisten Staaten Europas die gängige Regierungsform war, abgelöst werden wird. Das mahnende Gedenken an die Opfer des Nationalsozialismus erinnert auch daran, dass Willkür und Diktatur in letzter Konsequenz keinen Bestand haben. Die Berliner Mauer und die Teilung Deutschlands waren im Bewusstsein der Menschen etwas Unabänderliches. Doch dann konnten Schlagbäume und Stacheldraht die nach Freiheit drängenden Menschenmassen nicht mehr aufhalten.
Wenn ich über all das nachdenke, kommt mir ein Psalmwort in den Sinn: „Mit dir erstürme ich Wälle, mit meinem Gott überspringe ich Mauern" (Ps 18,30). Das heißt nichts anderes als dass für Gott nichts unmöglich ist. Regierungsformen und Regime kommen und gehen, aber Gott bleibt. Wir wissen nicht, wie viele Menschen für ein Ende des Ersten Weltkrieges und den Beginn einer neuen Zeit gebetet haben. Es waren bestimmt sehr viele. Wir haben das Zeugnis der Märtyrer, die im Widerstand gegen die Nazis ihren Glauben bekannten und so mithalfen, dass die Demokratie gewinnen konnte. Auch die Wiedervereinigung wurde gefördert durch das Gebet evangelischer und katholischer Christen. So wurde plötzlich Unmögliches möglich.
Schauen wir doch mal in unser Leben hinein. Wo sind da Probleme, die wir schon jahrelang mit uns schleppen? Wo sind Verletzungen, die nicht heilen? Wo sind Verhärtungen, die nicht aufbrechen? Halten wir sie Gott hin! Er kann Unmögliches möglich machen und vielleicht überspringen wir mit ihm auch solche Mauern.

Trauer verwandelt sich

Am 16. November ist Volkstrauertag. Dieser staatliche Gedenktag erinnert an die Kriegstoten und Opfer der Gewaltherrschaft aller Nationen und mahnt die Menschen aller Völker zum Frieden. Gott sei Dank leben wir in Mitteleuropa seit Ende des Zweiten Weltkriegs ohne militärische Auseinandersetzungen, doch trotzdem gehört die Trauer untrennbar zum Leben des Menschen dazu.
Es kommt für jeden einmal die Zeit, in der er von einem Angehörigen für immer Abschied nehmen muss. Wer davon betroffen ist, kann in tiefe Trauer versinken. Es ist, als würde ihm der Boden unter den Füßen weggezogen. Der Abschied, der noch dazu endgültig ist, schmerzt. Leere breitet sich aus.
In allem Suchen und Fragen angesichts des Todes bietet der christliche Glaube Antworten. Das rufen wir uns im Monat November des Jahreslaufs besonders ins Bewusstsein. Tage wie Allerseelen, Volkstrauertag oder Totensonntag fallen in diese Zeit. Die Natur erstirbt im Herbst – das ist die symbolische Bedeutung. Doch wenn wir weitersehen, erwacht sie nach der Kälte des Winters im Frühling wieder zu neuem Leben. Es verwandelt sich etwas. Das Absterben ist nicht endgültig.
Es gibt auch viele Bibelstellen, die Verwandlung zum Inhalt haben – übertragen auf das menschliche Dasein. Das Leben der Verstorbenen wird gewandelt in ein neues Leben außerhalb unseres aktuellen Erfahrungshorizontes: „Wenn das Weizenkorn nicht in die Erde fällt und stirbt, bleibt es allein; wenn es aber stirbt, bringt es reiche Frucht", sagt Jesus und: „... wer aber sein Leben in dieser Welt gering achtet, wird es bewahren bis ins ewige Leben" (Joh 12,24–25b). Ebenso kann sich auch Trauer verwandeln: „Die mit Tränen säen, werden mit Jubel ernten" (Ps 126,5) oder: „Selig die Trauernden; denn sie werden getröstet werden" (Mt 5,4).
Jeder kennt die oft ausgesprochenen Worte: „Die Zeit heilt alle Wunden." Zunächst hört sich das wie eine Verharmlosung oder Vertröstung an, doch da ist auch etwas Wahres dran, denn selbst wenn die Trauer niemals ganz weg ist, kann sie sich mit der Zeit verwandeln und so wieder neuem Leben Raum geben.

Wer singt, betet doppelt

„Wer singt, betet doppelt“ – diese Worte des Kirchenvaters Augustinus (354–430) sagen, dass im Religiösen die Musik sehr wichtig ist. Dafür gibt es schon in der Bibel Belege. Da sind die Psalmen, also alttestamentliche Gebete und Lieder, die in der jüdischen und christlichen Liturgie eine wichtige Rolle spielen und in Musik und Literatur aufgegriffen wurden. Sie sind Zeugnis für das spirituelle Leben der Menschen. Die frühesten Psalmen sind im sechsten Jahrhundert vor Christus entstanden. Menschen brachten ihre aktuelle Lebenssituation vor Gott: Verzweiflung, Angst, Leid, Not, aber auch Freude, Zuversicht und Hoffnung. Später wurden die Psalmen im Stundengebet der Kirche verwendet. Sprechgesänge wurden mündlich weitergegeben und dann aufgeschrieben. So entstand der gregorianische Choral. Diese Musikform hat nicht an Aktualität verloren: Zahlreiche Menschen genießen bei Besuchen in Klöstern ihre wohltuende und beruhigende Wirkung. Es gibt auch das Taizégebet, benannt nach der ökumenischen Gemeinschaft von Taizé in Frankreich. Die wiederholte Rezitation von einfachen Gesängen führt zu Ruhe und Sammlung. Schriftlesungen und Stille verstärken diese Empfindungen noch.

Denken wir auch an schöne klassische Orchestermessen, den allsonntäglichen Volksgesang oder auch an neue geistliche Lieder, die gerade jüngere Menschen mitreißen können, alles bestärkt die Aussage: „Wer singt, betet doppelt“.

Singen bedeutet nämlich, besonders behutsam mit Worten umzugehen. Sie werden zur Ehre Gottes schön betont und auf melodische Weise vorgetragen. Das ist, wie wenn ich ein Sonntagsgewand anziehe: Ich kleide meine Worte in eine Melodie.

All diese Überlegungen sind wie eine Einladung: Könnte die Musik vielleicht für mich ein Weg sein, Gott näherzukommen, im Gottesdienst, im Konzert?

Nicht zuletzt zeugen Werke der Musikgeschichte irgendwie allgemein von der Existenz Gottes: Beethoven komponierte seine Symphonien. Viele empfinden sie als unbeschreiblich schön. Kann das allein von dieser Welt sein?

So könnte man jedenfalls endlos weiterüberlegen und man käme eventuell doch nur auf einen Nenner: „Wer singt, betet doppelt“.

Es kommt ein Schiff, geladen

„Es kommt ein Schiff, geladen bis an sein' höchsten Bord, trägt Gottes Sohn voll Gnaden, des Vaters ewigs Wort." – Das ist die erste Strophe eines bekannten Adventliedes. Schon als Kind faszinierte es mich, weil ich, wie viele Kinder, eine Vorliebe für Schiffe hatte. Abenteuer, Reisen und fremde Länder verband ich damit.
Die Menschen, die als Erste das Lied sangen, waren wohl auch fasziniert vom Schiff. Sie warteten darauf. Es brachte Nahrung und andere wichtige Güter. Die Erwartung auf das heimkehrende Handelsschiff brachten sie dann in Verbindung mit ihrem Glauben. Auch in ihrer Seele verspürten sie Hunger. Sie sehnten sich nach Sinn und Erfüllung. Nur Jesus konnte ihnen diese Nahrung geben.
Das Schiff kann auch für uns heutige Christen ein Symbol sein – gerade in der Adventszeit, die am Sonntag beginnt. Es ist Zeichen unserer Erwartung. Wir haben, genau wie die Menschen früherer Zeiten, die erlösende Ankunft Christi dringend nötig. Kriege erschüttern weiter die Welt. Die mediale Revolution und zunehmende Abhängigkeit von Internet und neuen Kommunikationssystemen verunsichert viele Menschen. Der Glaubens- und Werteschwund in der Gesellschaft breitet sich aus.
Außerdem kann das Schiff aber auch Zeichen für einen neuen Aufbruch sein. In unserem Leben stehen wir immer wieder vor Umbrüchen. Einschnitte wie berufliche oder private Veränderungen und auch Lebenskrisen verlangen, zu neuen Ufern aufzubrechen. Das geht oft nicht ohne Unsicherheit und Angst. Doch die Gegenwart Christi schenkt Vertrauen, dass es gute Ufer sind, an die wir fahren. So wie bei der Stillung des Seesturms (Mt 8,23–27). Dieses Evangelium sagt: Wer Jesus im Boot hat, der braucht keine Angst zu haben, weil er weiß, dass mit ihm das Schiff im Sturm nicht untergeht.
Viele Menschen machen sich immer wieder auf den Weg in unsere Kirchen. Hier finden sie Geborgenheit und Stille. Der Kirchenraum wird ja auch „Kirchenschiff" genannt. Er ist das Schiff, das Gott zu den Menschen und die Menschen zu Gott bringt.

T'CHOT PIERRE LE CROTOY
BL 571 590

Gaudéte!

Der dritte Adventssonntag wird auch „Sonntag Gaudéte" genannt. Das ist lateinisch und bedeutet: „Freut euch!" Im katholischen Gottesdienst kann an diesem Tag ein rosa Messgewand getragen werden. Das ansonsten übliche Violett der Adventszeit hellt sich ein wenig auf. Vorfreude ist angesagt. Weihnachten kommt bald! Freut euch! Es dauert nicht mehr lange!
Was hier in die Liturgie des dritten Advents Eingang gefunden hat, zeugt von einer kindlichen Vorfreude auf Weihnachten. Ich erinnere mich noch gut an Advent und Weihnachten in meinen Kindertagen. Die Zeit bis zum Heiligen Abend schien unendlich lang. Die hartnäckigen Fragen, wann es endlich so weit ist, brachten die Mutter wohl oft an den Rand der Verzweiflung. Soundso viele Nächte noch schlafen – auch ein Thema, das aktuell war. Und dann? Plötzlich war der Tag da. Schon der Vormittag war erfüllt von einer ganz besonderen Stimmung. Das Wohnzimmer war abgeschlossen. Was führten die Eltern im Schilde? Oder sollte es doch das Christkind gewesen sein? Ein paar Stunden dauerte es noch bis zur Kindermette, dann das gemeinsame Essen und die Bescherung.
Viele Menschen in unseren Tagen tun sich schwer, sich an Weihnachten zu freuen. Die Hektik nimmt im Advent immer mehr zu. Dazu kommen Einsamkeit, Probleme in der Familie oder wirtschaftliche Not. All das kann einem die Freude an Weihnachten gründlich verderben. Was ist nun mit „Gaudéte!" oder „Freut euch!"?
Vielleicht hilft der Blick auf Jesus. Auch er und seine Familie hatten nicht viel Grund zur Freude. Bei der Herbergssuche wurden sie abgelehnt. Sie fanden Obdach gerade mal in einem armseligen Stall. Sie waren ganz unten angekommen. Trotz allem gaben sie nicht auf. Und es geschah etwas Unglaubliches. In ihrer Mitte wirkte Gott ein Wunder. In Jesus wurde Gott einer von uns. Er hatte es nicht leicht – aber: Schon an der Krippe war klar, durch seinen Tod und seine Auferstehung wird er uns erlösen. So schenkt Gott Leben. Weihnachten erinnert daran und es kommt bald. „Gaudéte!" – wenn das kein Grund zur Freude ist!

Jesus, mitten unter den Menschen

Der heilige Franz von Assisi hatte eine Idee. Es war um das Jahr 1223. Das Weihnachtsfest stand vor der Tür. Franz fiel auf, dass sich arme und einfache Leute schwertun, Weihnachten zu verstehen. Da kam ihm der Gedanke, das Ereignis der Heiligen Nacht mit lebenden Menschen und Tieren nachzustellen. Die Leute kämen zum Stall und würden das Kind in der Krippe mit eigenen Augen sehen; und auch Maria und Josef, Ochs und Esel, Hirten und Schafe. Die Menschen hätten das Gefühl, dass Jesus wirklich mitten unter ihnen ist.
Gesagt, getan – in der Nähe von Greccio, einem Ort, südlich von Assisi, gab es eine Grotte, in der Franziskus die Weihnachtsgeschichte darstellen ließ. Greccio wurde ein neues Betlehem. Thomas von Celano, ein Freund des heiligen Franz, berichtete: „Hell wie der Tag wird die Nacht und Menschen und Tiere empfinden köstliche Freude ...". Es war, wie wenn Jesus mitten unter den Menschen wäre.
Das Ereignis von Greccio zog Kreise. Zunächst am Ort selbst: Bis heute gibt es dort vom 24. Dezember bis zum 6. Januar eine lebende Krippe. Doch damit nicht genug. Seit der Zeit der Krippe in Greccio begannen Menschen in aller Welt, Krippen zu bauen. In Kirchen, Klöstern und auch zu Hause wurden sie aufgestellt.
Nächste Woche ist Weihnachten. Zum Fest gehört auch in unseren Wohnungen die Krippe. Die verschiedensten Arten gibt es: Wurzel- und Rindenkrippen, alpenländische oder orientalische Krippen, Tonfiguren und Papierkrippen, um nur eine kleine Auswahl zu nennen. Es werden auch Krippenfahrten angeboten in Gegenden, in denen die Krippentradition besonders lebendig ist. Ausstellungen erfreuen die Herzen der Krippenfreunde. Wer einmal vom „Krippenvirus" infiziert ist, der kommt nicht mehr so leicht davon los. Der muss basteln und bauen, bis am Heiligen Abend die Krippe in vollem Glanz erstrahlt.
Wer über all das nachdenkt, dem fällt auf, dass die Krippentradition auch Verkündigung ist. In der Krippe kommt Jesus in unserem Alltag an. Er ist mitten unter den Menschen da. Wir lassen ihn ein in unser Leben!
Allen Leserinnen und Lesern wünsche ich schon jetzt frohe und gesegnete Weihnachten!

Geschichte schreiben

Es gibt Erzählungen und Filme, die davon handeln, dass Menschen mithilfe einer Zeitmaschine in die Vergangenheit reisen. Das ist spannend. Doch der Realist weiß, dass so etwas, rein technisch, unmöglich ist. Da bleiben wir auf unsere Fantasie angewiesen – leider. Viele finden das schade. Da stellt sich die Frage: Was ist nur so interessant an der Geschichte?
Wer weiterüberlegt, dem fällt ein, dass es andere Zugangswege zur Menschheitsgeschichte gibt. Ich denke da z. B. an die großen Gemäldegalerien. Es ist beeindruckend, Werke alter Meister zu sehen. Sie stellen die Welt ihrer Zeit oft bis ins Detail genau dar. Solche Bilder sind wie Fenster in frühere Jahrhunderte. Was auf dem Gemälde zu sehen ist, seien es Menschen, Tiere oder Gegenstände, existiert in Wirklichkeit längst nicht mehr – aber irgendwie ist es noch da. Es hat Spuren hinterlassen. Das fasziniert und fördert das Bemühen, Kulturgut unbedingt für die Nachwelt zu erhalten. Doch wieder die Frage: Welchen Sinn hat das?
Die Antwort ist wohl im Wesen des Menschen zu finden. Er versucht, hier auf der Erde sein Leben bestmöglich zu gestalten. Damit das gelingt, blickt er auch auf die Geschichte. Wie sind unsere Vorfahren mit Krisensituationen umgegangen? Lernen wir aus der Geschichte? Können wir früher begangene Fehler wie Kriege und Gewalt in Zukunft vermeiden? Können wir Gutes für die späteren Generationen bewahren? Wenn wir auf diese Fragen doch nur mit einem entschiedenen „Ja“ antworten könnten! Manchmal gelingt es, leider oft auch nicht.
Ein geschichtliches Ereignis bietet sich besonders als Lernquelle für menschliches Tun an: Weihnachten. Gott schreibt durch das Kommen seines Sohnes in Welt und Zeit Geschichte. Gott zeigt in Jesus, wie groß seine Liebe ist. Der Gottessohn hat uns als Vermächtnis hinterlassen, zu versuchen, so zu handeln wie er – menschenfreundlich, gottgefällig. Vielleicht ist das eine Anregung als Vorsatz für das neue Jahr. So kann jeder auf die eine oder andere Weise Geschichte schreiben. Die Welt braucht das – auch im Kleinen. Ihnen allen einen guten Rutsch ins neue Jahr!

Einer von uns

Am Beginn des (Glaubens-)Lebens eines Christen steht die Taufe. Sie ist das Initiationsritual, durch das ihm zugesagt wird: Du bist ein Kind Gottes. Du gehörst zur Gemeinschaft der Kirche.
Am Beginn des Kalenderjahres begegnet uns ein Fest, das auch mit der Taufe zu tun hat: Taufe des Herrn, am 11. Januar. Es markiert das Ende der Weihnachtszeit, einer sehr bedeutungsschweren Zeit im Kirchenjahr. Lassen wir sie noch einmal Revue passieren: Wir feierten die Heilige Nacht und das Hochfest der Geburt des Herrn. Am zweiten Weihnachtsfeiertag dachten wir an den ersten Märtyrer Stephanus. Am ersten Sonntag nach Weihnachten folgte das Fest der Heiligen Familie, am 1. Januar das Hochfest der Gottesmutter Maria und am 6. Januar das Hochfest Erscheinung des Herrn. Nun liegt noch vor uns, wie erwähnt, Taufe des Herrn.
Alle diese besonderen Tage im Weihnachtsfestkreis haben die Aufgabe, uns eines zu sagen: Gott wurde einer von uns. Das ist eine so bedeutende und wichtige Botschaft, dass sie nicht auf einen einzelnen Tag beschränkt bleiben kann, sondern sich uns an verschiedenen Tagen auf unterschiedliche Weise zeigt: Gott wurde im Kind in der Krippe Mensch – wie wir. Das Beispiel des Stephanus macht klar, dass er selbst im Sterben mit uns ist. Jesus wurde wie wir in eine menschliche Familie hineingeboren. Gott erwählte die Jungfrau Maria zur Mutter seines Sohnes. Die Sterndeuter kamen von weit her. Gott wurde auch einer von ihnen, den Fremden, oft Ausgegrenzten.
Wie eine Bestätigung und Vertiefung des bisher Geschehenen wirkt das Fest Taufe des Herrn. Johannes der Täufer ruft die Menschen zur Umkehr. Seine Taufe dient der Vergebung der Sünden. Viele Sünder kommen zu ihm. Unter sie reiht auch Jesus sich ein. – Moment mal! Der ohne Sünde ist, lässt das über sich ergehen? Was!? – Der Sohn Gottes lässt sich taufen? Wer, wenn nicht er, steht denn nicht sowieso schon in Verbindung mit Got? – All diese Fragen interessieren ihn nicht. Er erklärt sich mit uns solidarisch. Er wird einer von uns – und vertieft unsere Gemeinschaft mit Gott – Gott sei Dank!

Den Glauben weitergeben

Ein Staffellauf kann nur gelingen, wenn der Stab von einem Sportler zum anderen weitergegeben wird. Lässt ihn einer fallen, wird es nichts mit dem Sieg. Alles ist aus. Klappt es mit der Übergabe, bleibt die Mannschaft im Rennen und kann am Ende gewinnen. Ähnlich ist es auch mit dem christlichen Glauben. Glauben braucht Weitergabe. Nur so bleibt er lebendig.

Schauen wir mal in die Bibel. Schon im Alten Testament begegnet uns der Wunsch, den Glauben an spätere Generationen weiterzugeben. Das sagt das Buch Deuteronomium (Dtn 6,4–7): „Höre Israel! Jahwe, unser Gott, Jahwe ist einzig. Darum sollst du den Herrn, deinen Gott, lieben mit ganzem Herzen, mit ganzer Seele und mit ganzer Kraft. Diese Worte, auf die ich dich heute verpflichte, sollen in deinem Herzen geschrieben stehen. Du sollst sie deinen Söhnen wiederholen. Du sollst von ihnen reden, wenn du zu Hause sitzt und wenn du auf der Straße gehst, wenn du dich schlafen legst und wenn du aufstehst." – Besonders im Judentum spielen diese Worte eine große Rolle. Sie fordern auf, die Gebote an die nächste Generation weiterzugeben.

Jesus war ein gläubiger Jude. Er greift das Gebot der Gottesliebe auf, erweitert es und gibt es weiter: „Du sollst den Herrn, deinen Gott lieben mit ganzem Herzen und ganzer Seele, mit all deiner Kraft und all deinen Gedanken, und: Deinen Nächsten sollst du lieben wie dich selbst." (Lk 10,27).

Dieses Hauptgebot des christlichen Glaubens ist bis in unsere Zeit lebendig geblieben. Wir kennen diese Worte. Sie haben Bedeutung für unser christliches Leben. Wie konnte das geschehen?

Zur Weitergabe des Glaubens brauchte es Männer und Frauen, die konsequent ihren Glauben lebten. Sie halfen mit, dass auch wir glauben dürfen. Da waren die Apostel und ihre Nachfolger. Da waren die großen Missionare der Kirche, allen voran Paulus. Da waren Frauen und Männer, die für uns persönlich wichtig sind: Großeltern, Eltern, Paten, Seelsorger.

Sie legten uns den „Stab des Glaubens" in die Hand. Geben auch wir ihn an spätere Generationen weiter!

Zur Liebe berufen

Schon viele Menschen haben versucht, das Wesen Gottes zu beschreiben, Theologen, Philosophen, Studierte und weniger Gebildete. Manche Erklärungsversuche leuchten ein, mit anderen tun wir uns eher schwer. Eine Beschreibung, wie Gott ist, finden wir in der Bibel und die beeindruckt mich sehr: „Gott ist die Liebe" (1 Joh 4,8b).
Jeder Mensch sehnt sich nach Liebe. Nicht viele sind gern allein. Von jemandem geliebt zu sein, tut gut. Es gibt Kraft. Es schenkt das Gefühl, etwas wert zu sein. Liebe empfange ich von Menschen die es gut mit mir meinen. Liebe empfange ich aber auch von Gott. – Stimmt das?
Ein deutliches „Ja" kann ich sagen, wenn ich ganz an den Anfang der Bibel schaue. Bei der Erschaffung des Menschen im Buch Genesis heißt es: „Dann sprach Gott: Lasst uns Menschen machen als unser Abbild, uns ähnlich" (Gen 1,26a), und am Ende des sechsten Schöpfungstages ist zu lesen: „Gott sah alles an, was er gemacht hatte: Es war sehr gut" (Gen 1,31a). Mit dem Religionsphilosophen Josef Pieper (1904–1997) formuliert, spricht Gott hier ein „Wort der Liebe". Gott sagt zum Menschen: „Es ist gut, dass es dich gibt!"
Doch damit nicht genug. Die Liebe Gottes begleitet den Menschen auf seinem Weg durch die Zeit. Selbst als er sich in Sünde verstrickt, lässt Gott ihn nicht los. Das erfahren Adam und Eva, Noah, Abraham, Mose und viele andere biblische Gestalten.
Den Höhepunkt erreicht die Liebe Gottes zu den Menschen aber in Jesus Christus. In ihm kommt Gott in die Welt und schenkt uns seine grenzenlose Liebe. Wir wissen, was Jesus lehrte: „Liebe Gott!" ... und „Deinen Nächsten sollst du lieben wie dich selbst." (Lk 10,27); „Liebt eure Feinde und betet für die, die euch verfolgen, damit ihr Söhne eures Vaters im Himmel werdet" (Mt 5,44 f.); „Wie mich der Vater geliebt hat, so habe ich euch geliebt. Bleibt in meiner Liebe!" (Joh 15,9). – Das sind alles Worte der Liebe, zu der jeder Christ berufen ist, und Grund zur Hoffnung in einer oft so lieblosen Welt.

Und die Spatzen pfeifen lassen

„Das Beste, was wir auf der Welt tun können, ist: Gutes tun, fröhlich sein und die Spatzen pfeifen lassen." – Diese Worte sind uns vom hl. Johannes Bosco überliefert, der am 31. Januar 1888, genau vor 127 Jahren, gestorben ist.
Don Bosco, wie er einfach genannt wird, wurde 1815 in Becchi im italienischen Piemont geboren und wuchs als Sohn einfacher Bauersleute auf. Schon früh wünschte er sich, Priester zu werden. Nach großen Schwierigkeiten, resultierend aus der Armut der Familie, wurde er 1841 geweiht. Er war vor allem für Jugendliche da. Im industriell aufstrebenden Turin kümmerte er sich besonders um die Armen und Vernachlässigten unter ihnen. Johannes Bosco wandte für die damalige Zeit völlig neue Erziehungsmethoden an. Sie waren geprägt von Rücksichtnahme, Anerkennung und Vertrauen, den Merkmalen, die ihn auch als Menschen auszeichneten.
„Gutes tun, fröhlich sein und die Spatzen pfeifen lassen." – Das Motto dieses fröhlichen Heiligen kann auch uns helfen, leichter zu leben: Wer Gutes tut, bewirkt, dass die Mitmenschlichkeit in der oft so unmenschlichen Welt wachsen und das Zusammenleben besser gelingen kann. Wer mit einer guten Portion Fröhlichkeit durchs Leben geht, kann auch andere Menschen fröhlich machen. Ein gewisses Quantum davon lässt Sorgen vergessen und gibt Zuversicht. Wer „die Spatzen pfeifen lässt", schert sich nicht um die vielen negativen, vielleicht auch beängstigenden Stimmen um sich herum – die vermeintlich gut gemeinten Ratschläge und nur vordergründig wohlwollenden Hinweise. Er geht getrost seinen Weg durchs Leben weiter, selbstbewusst und vertrauensvoll.
Eine letzte Frage stellt sich noch: Woher hatte der heilige Don Bosco die Gabe, die auch heute noch so viel Gutes bewirkt? – Die bekam er durch seinen tiefen Glauben und seine untrennbare Verbindung mit Gott. Papst Pius XI. (1857–1939), der ihn 1934 heiliggesprochen hat, beschreibt das so: „In seinem Leben war das Übernatürliche fast natürlich und das Außergewöhnliche gewöhnlich." – Johannes Bosco ist ein Vorbild, auf das es sich lohnt, zu schauen – auch heute.

Einmal Gott sein

Einmal Gott sein, wäre das nicht schön? – Angefangen bei Adam und Eva, haben schon viele Menschen so gedacht – kleine und große. Was dabei herauskam, wissen wir. Kriege bestimmten die Menschheitsgeschichte. Bis heute gibt es auf der ganzen Welt viele bewaffnete Konflikte. Menschen finden keinen Weg zur Versöhnung. Soziales Ungleichgewicht gibt es auf weiten Teilen der Erde. Die Erkenntnisse der Naturwissenschaft werden für unmenschliche Zwecke missbraucht. All das geschieht nur, weil Menschen sein wollen wie Gott. Sie wollen Macht ausüben und angesehen sein. Sie wollen ganz oben sein – wie Gott eben. Sie wollen buchstäblich vergöttert werden.
Zu Beginn der Fastenzeit ist es gut, darüber nachzudenken, dass Gott eigentlich etwas ganz anderes erwartet. Unsere Aufgabe ist es, als Menschen zu leben und menschlich zu sein.
Wie das geht, zeigt er uns in Jesus. Bei der Versuchung in der Wüste (Mt 4,1–11) verspricht ihm der Teufel allerhand. Er könnte Herrscher über alle Reiche der Erde sein. Jesus lehnt entschieden ab. Er verzichtet. Er weiß: Weltliche Macht will er nicht ausüben. Seine Macht ist von anderer Art. Sie ist nicht von dieser Welt und doch zutiefst geprägt von der Menschlichkeit.
Wie ist es mit uns? Können wir ganz bewusst auf Dinge verzichten, die uns wichtig sind? Die Fastenzeit ist die Zeit im Jahr, um das herauszufinden. Was hält mich? Was trägt mich? Was ist mir wichtig? In christlichem Handeln kann für die Menschen Gott spürbar werden. Das haben viele Arme, Benachteiligte und Kranke im Umfeld Jesu erfahren. Ihnen half der Sohn Gottes.
Dieses vorbildliche Handeln ist Auftrag für jeden Christen, es Jesus gleichzutun. Für die Fastenzeit wäre das ein Impuls, der auf je persönliche Weise umgesetzt werden kann. Ein netter Gruß auf der Straße, ein gutes Wort an den traurigen Nachbarn, eine Spende für einen guten Zweck, Zeit für jemanden, der mich braucht ... Wer so handelt, wird deswegen wohl nicht sein wie Gott, denn Gott gibt es nur einen – aber das glaube ich ganz bestimmt: Er hilft mit, dass Gott auch im Hier und Heute Gutes wirken kann.

Die Masken ablegen

Wer möchte nicht einmal in eine ganz andere Rolle schlüpfen? Schon Kinder träumen davon. Cowboy, Indianer oder Piratenkapitän waren die Wunschfiguren, die in meiner Kindheit interessierten. Heute sind es vielleicht andere, doch der Traum von Veränderung ist immer noch aktuell – auch für Erwachsene.
Eine Gelegenheit für so einen Rollenwechsel bietet sich im Fasching. Mit Rosenmontag und Faschingsdienstag erreicht er bald seinen Höhepunkt. Zu Ende ist er nach dem Kehraus, wenn es heißt: „Am Aschermittwoch ist alles vorbei ...". Dann legen alle Närrinnen und Narren ihre Masken ab. Vorher gibt es aber die Möglichkeit, Spaß zu erleben, richtig ausgelassen zu sein und das Leben mal aus einer ganz anderen Perspektive zu sehen.
Dass das dem Menschen guttut, es sei denn, er ist ein Faschingsmuffel, zeigt der Blick auf die Geschichte. Schon in den Hochkulturen von Mesopotamien und Ägypten gab es Feste, in denen die Rollenverteilung zwischen Herrschenden und Wohlhabenden, Dienenden und Armen für eine gewisse Zeit aufgehoben wurde – alle waren plötzlich gleichberechtigt. Ähnliches gab es auch im alten Rom und bis heute sind Faschings- und Karnevalsbräuche, besonders das Verkleiden, in ganz Europa verbreitet.
Ein Argument für den Fasching ist, dass er die Möglichkeit bietet, mal aus dem Gewöhnlichen auszubrechen. Wer einmal ausgelassen feiert und Freude erlebt, der kehrt mit neuer Motivation in den Alltag zurück. Wer eine ganz andere und ungewohnte Rolle eingenommen hat, wird froh sein, wenn wieder Normalität einkehrt. Vielleicht gibt es auch ein „böses Erwachen" mit Kopfweh nach einer langen Nacht – das könnte ein Impuls für den Vorsatz sein, in Zukunft das Leben wieder zu ändern. Und es könnte die Erkenntnis entstehen, dass Spaß und Ausgelassenheit zwar schön und wichtig, aber nicht die wesentlichen Lebensziele sind.
Bei allen Überlegungen ist eines sicher: Vor Gott brauchen wir keine Masken zu tragen und wir brauchen in keine andere Rolle zu schlüpfen. Er kennt unser Innerstes und er will, dass wir ein erfülltes Leben haben – und das nicht nur im Fasching.

Vierzig Tage

Die Fastenzeit dauert vierzig Tage. Erst danach kann Ostern kommen. Warum ist das so? Was sagt uns das für unseren Glauben? – Es gibt eine Zahlensymbolik, die die ganze Bibel durchzieht. Hiervon leitet sich die Dauer der österlichen Bußzeit ab. Wer sich ein wenig damit beschäftigt, erfährt, dass die Zahl 40 „Prüfung" oder „Erprobung" bedeutet. Was heißt das?
Eine Antwort gibt die Bibel: Vierzig Tage regnete es bei der Sintflut. So lange musste Noah bangen, bis er das Fenster wieder öffnen und feststellen konnte, dass Gott ihn und alle Menschen und Tiere in der Arche verschont hatte (Gen 8,6). Vierzig Jahre war das Volk Israel in der Wüste unterwegs, bis es das Gelobte Land erreichte und vierzig Tage dauerte es, bis Mose vom Berg Horeb zurückkam, auf dem er die Zehn Gebote erhielt (Ex 24,18). Genauso lange war Elija in der Wüste unterwegs, bevor er in die Höhle kam, in der er seine Gottesbegegnung hatte (1 Kön 19,8).
Alle Beispiele zeigen: Menschen müssen Prüfungen und Erprobungen bestehen, bevor sie eine Glaubenserfahrung machen, ja sogar Gott begegnen.
Ähnlich ist es auch in unserem Leben. Es geht nie immer alles ganz glatt. Wir werden durch manches Missgeschick erprobt. Der französische Philosoph Gabriel Marcel (1889–1973) spricht davon, dass der Mensch ständig der „Einladung zum Verrat" ausgesetzt ist. Er meint damit die Versuchung, an Gott und der Welt zu verzweifeln. Wer in eine solche Situation gerät und den Glauben nicht verliert, dem ist nach Prüfung und Erprobung die Begegnung mit Gott verheißen.
Das gilt es einzuüben – in den vierzig Tagen der Fastenzeit. Bin ich mir bewusst, dass mein Leben endlich ist? Kann ich meinen Besitz loslassen? Bin ich frei von unnötiger Sorge und Angst? – Wenn ja, kann Gott in meinem Leben wirken.
Zuletzt bleibt der Blick auf Jesus. Auch er kennt die „40". So viele Tage war er in der Wüste. Er hat der Versuchung standgehalten. So konnte Ostern kommen.

Etwas für's Leben

Ein junger Mann, der Fan einer berühmten Musikgruppe war, besuchte ein Konzert seiner Idole. Die Veranstaltung war ein großer Erfolg. Am Schluss gab es tosenden Beifall und mehrere Zugaben. Da kam ihm die Idee, dass er doch versuchen könnte, Autogramme von den Künstlern zu bekommen. Gedacht, getan – er gelangte irgendwie in den Backstage-Bereich – und tatsächlich –, er kam an die Musiker heran. Alle unterschrieben auf seinem Programmheft und er konnte sogar ein paar Worte mit ihnen wechseln. Überglücklich machte sich der junge Mann auf den Heimweg. Voller Stolz zeigte er die Autogramme einem Freund. Doch anstatt sich an der überschwänglichen Freude seines Gegenübers zu beteiligen, fand der lediglich die Worte: „Da hast du nun aber etwas für's Leben!"
Diese Episode macht nachdenklich. Ist die Begegnung mit berühmten Menschen wirklich „etwas für's Leben" oder waren die Worte des Freundes sarkastisch gemeint? Ein Idol zu haben, sei es in der Musik, im Sport oder auch in einem anderen Bereich, ist etwas Schönes. Die wahre Erfüllung bringt das aber leider nicht.
Was ist dann „etwas für's Leben"? Dafür gibt es Beispiele: Lebenssinn kann eine gelingende Beziehung geben. Treue und Verlässlichkeit geben Sicherheit und Halt. Eine lange Freundschaft, die vom gegenseitigen Geben und Nehmen bestimmt ist, trägt dazu bei, dass Leben lebenswert ist, ebenso eine wichtige Aufgabe oder ein schöner Beruf.
„Etwas für's Leben" ist aber auch die Beziehung zu Gott. Nikodemus erfährt das im Evangelium vom kommenden Sonntag. Jesus sagt zu ihm: „Denn Gott hat die Welt so sehr geliebt, dass er seinen einzigen Sohn hingab, damit jeder, der an ihn glaubt, nicht zugrunde geht, sondern das ewige Leben hat" (Joh 3,16).
Impulse für die verbleibende Fastenzeit könnten also sein: Ich spüre dem nach, was mir wirklich Lebenssinn gibt. Ich versuche, meine menschlichen Beziehungen zu vertiefen und ebenso meine Beziehung zu Gott. Dann habe ich neben vielen kleinen Freuden wahrhaftig auch „etwas für's Leben".

Verbum caro hic factum est

Wer einmal nach Nazareth kommt und dort die Verkündigungsbasilika besucht, der wird in der Krypta den Ort finden, an dem der Erzengel Gabriel Maria die Geburt Jesu, des Erlösers, verkündet hat. In einer unscheinbaren Kapelle, unten in der Grotte, sind am Altar folgende Worte zu lesen: „VERBUM CARO HIC FACTUM EST", was so viel bedeutet wie „Hier ist das Wort Fleisch geworden". Gott wird Mensch – das ist eine Botschaft, die so gar nicht in die jetzige Fastenzeit zu passen scheint. Sie hört sich eher wie eine Weihnachtsbotschaft an. Fakt ist: Sie ist immer aktuell.
Wie kann auch in unserer Zeit das Wort Fleisch werden? Sprich: Wie kann es gelingen, dass die Botschaft Christi auch in unserer Zeit lebendig bleibt?
Eine Antwort auf diese Frage gibt Maria. Sie hat mit ihrem Mann Josef und dem Jesuskind in Nazareth gelebt. Sie war gemeinsam mit Josef offen für den Auftrag Gottes. So konnte der Sohn Gottes in die Welt kommen und heranwachsen. Das war die Voraussetzung für sein Heilshandeln an uns Menschen. Das Vorbild Mariens regt an, es ihr gleichzutun und im eigenen Leben auf den Anruf Gottes zu hören und ihn zu befolgen.
Um die Frage weiter zu ergründen, lohnt es sich, in Gedanken in Nazareth zu bleiben. Hier lebte am Ende des neunzehnten Jahrhunderts auch Charles de Foucauld (1858–1916). Er wollte in der Abgeschiedenheit von Nazareth Christus ganz nahe sein. Er wollte dem verborgenen Leben Christi nachspüren. In aller Stille hat er sich auf die Anbetung des Allerheiligsten konzentriert und ein Leben in Entbehrung geführt. So ist er ein Vorbild geworden für viele. Er wurde 2005 von Papst Benedikt XVI. seliggesprochen.
Wäre es nicht für uns auch etwas, zwischendurch zur Ruhe zu kommen und Anbetung zu halten? Im ganz normalen Alltag könnten so Freiräume entstehen, Freiräume, die erfüllt sind von der Gegenwart Gottes.
Übrigens: Am 25. März feiern wir das Hochfest Verkündigung des Herrn. Wäre das nicht die Gelegenheit, es zu versuchen und Christus wieder neu Raum zu geben in unserem Leben?

Jetzt wird's ernst!

Ernste Momente gibt es in jedem Menschenleben. Wer könnte kein Lied davon singen? Die Bandbreite ist groß. Es gibt die vielen kleinen Sorgen und auch große Schicksalsschläge. Menschen stürzen sozial ab und geraten ins Abseits. Andere können sich schon seit Jahren nicht mehr in die Augen sehen. Man hat sich nichts mehr zu sagen. Vertrauen ist zerbrochen. Eine Behinderung oder Krankheit belastet das Leben. Menschen sterben früh und plötzlich oder müssen einen langen Leidensweg gehen. Das sind Momente, in denen das Leben ernst wird. Wie damit umgehen?

Hilfen gibt es: Eine psychologische Begleitung unterstützt Menschen, ihr Leben mit seinen Herausforderungen zu meistern. Die moderne Medizin macht immer neue Fortschritte. Die Soziologie ergründet Zusammenhänge in der Gesellschaft, um Lebensverhältnisse zu verbessern. Das sind alles gute Dinge. Doch es gibt noch etwas: den Glauben!

Am Palmsonntag beginnt die „heilige Woche". Jetzt wird's ernst! Jemand wird erst bejubelt, dann gerät er ins Abseits. Er wird von einem seiner Freunde verraten, Vertrauen zerbricht. Er wird verleugnet und schuldlos verurteilt. Das Unrecht schreit zum Himmel. Er wird geschlagen und gequält. Ein Leidensweg beginnt. Am Ende steht der Tod. – Das ist der Weg Jesu.

Die Karwoche ist ein Angebot, diesen Weg bewusst mitzugehen. Jesus lädt alle Menschen ein, die eigenen Sorgen mit den seinen zu vereinen und ihm bewusst nachzufolgen. – Das hilft, wenn's im Leben ernst wird. Wir feiern Palmsonntag, Gründonnerstag und Karfreitag. Jeder dieser Tage erzählt auf seine Weise vom Leiden und Sterben Christi. Doch dann mündet die Karwoche in das höchste Fest unseres Glaubens – Ostern. Nach Leid und Tod ist es nicht aus. Da kommt noch was: das neue Leben. Jesus ist auferstanden und er will jedem Menschen neues und ewiges Leben schenken. Diese Zusage gilt immer und besonders, wenn's im Leben ernst wird!

Eine weiße Weste haben

„Eine weiße Weste haben" – diese Aussage kennt jeder. Wer eine „weiße Weste" hat, der ist im übertragenen Sinn „sauber" geblieben. Er hat sich nichts zuschulden kommen lassen. Er hat sich richtig verhalten. Da war nichts, wofür man ihn hätte tadeln müssen. Wie die Weste, so ist auch die Seele ganz rein.
Gibt es so etwas überhaupt? Begeht nicht jeder Mensch mal kleinere oder auch größere Sünden? Natürlich, niemand ist wirklich hundertprozentig und ganz ohne Fehler. Und doch gilt das Bild von der „weißen Weste", und zwar für alle, die an Christus glauben oder unbewusst, aus ihrem Gewissen heraus, nach seinem Willen handeln. Das erklärt uns der Inhalt des Festtages, der vor uns liegt. Es ist der kommende Sonntag. Dieser Tag wird auch „Weißer Sonntag" genannt – warum?
Die Bezeichnung „Weißer Sonntag" leitet sich von seinem lateinischen Namen „Dominica in albis", d. h. „Sonntag in weißen Gewändern" ab. Woher diese Bezeichnung kommt, ist nur vage bekannt. Sehr wahrscheinlich erinnert der Name daran, dass in frühchristlicher Zeit neu getaufte Erwachsene von der Osternacht, also dem Zeitpunkt ihrer Taufe an, bis zum „Weißen Sonntag", dem ersten Sonntag nach Ostern, ihre weißen Taufkleider trugen. Die erwachsenen Täuflinge legten ihre Alltagskleider ab, sie wurden getauft und erhielten ein reines weißes Gewand – wenn man so will, eine „weiße Weste".
Die Bedeutung dieses Zeichens liegt auf der Hand. Wer getauft und mit Christus verbunden ist, erhält Anteil an seiner Gotteskindschaft. Christus war ohne Sünde. Wer zu ihm gehört und sein Versagen bereut, dem werden die Sünden vergeben. Er ist ganz rein. Er trägt eine „weiße Weste".
Aus eigener Kraft schafft der Mensch das nicht. Er hat nötig, dass Gott ihm entgegenkommt – mit seiner Barmherzigkeit. Der „Weiße Sonntag" heißt auch „Sonntag der göttlichen Barmherzigkeit". Papst Johannes Paul II. hat dieses Fest im Jahr 2000 für die katholische Kirche festgelegt. Es sagt: Ich darf gerade dann zu Gott kommen, wenn die Weste durch Schuld und Versagen nicht mehr so weiß ist und ich seine Barmherzigkeit brauche. Sie heilt und macht rein.

Zur Normalität zurückkehren

Noch nicht allzu lange Zeit liegt der Sturm „Niklas" zurück. Der Orkan hat so einiges durcheinandergebracht. Dächer wurden abgedeckt. Bäume stürzten um. Straßen und Schienen waren blockiert. Stromleitungen wurden unterbrochen. Das Tragischste aber war: In Deutschland, Österreich und der Schweiz forderte der Sturm elf Menschenleben. Noch viele Tage danach konnte man sehen: Die Aufräumarbeiten halten immer noch an. Die Hilfskräfte haben alle Hände voll zu tun. Doch nichtsdestotrotz: Wenn auch manche Spuren zunächst bleiben, kehrt alles wieder zur Normalität zurück.

Was hier beschrieben wird, gilt auch für die anderen Katastrophen unserer Geschichte und unseres Lebens. Das zeigt das Beispiel Jesu, von dem das Evangelium berichtet (Lk 24,35–48). Die Jünger Jesu und die Frauen, die ihm gefolgt waren, hatten turbulente Zeiten hinter sich. Einiges war in ihrer Weltsicht durcheinandergeraten. Die Sache mit Jesus war offensichtlich gescheitert. Er war wohl doch nicht der Messias, den sie sich erhofften. Alles war aus und vorbei. Doch da erzählten einige Freunde Jesu ganz erstaunliche Dinge. Sie waren ihm begegnet. Sie hatten ihn gesehen. Und plötzlich – sie trauten ihren Augen nicht – war er selbst da. Er, Jesus, der Auferstandene, war mitten unter ihnen. Und er sprach zu ihnen: „Friede sei mit euch!" Doch damit nicht genug. Er verlangte etwas zu essen. Sie gaben ihm ein Stück Fisch. Das aß er vor ihren Augen und sie erkannten: Er war es wirklich – mit Fleisch und Knochen. Wenn auch das Leben jetzt anders war, Normalität, Hoffnung, Zuversicht – all das kehrte zurück.

Diese Erzählung bedeutet viel für uns. In jedem Leben gibt es Turbulenzen. Angehörige erkranken schwer. Der Tod reißt Lücken in Familien. Zukunftsängste, Einsamkeit und Verwirrung machen sich breit. Das bringt Lebenspläne durcheinander. Doch der Glaube an den Auferstandenen möchte helfen, selbst in solchen Momenten die Hoffnung nicht zu verlieren und einmal wieder Normalität zu erfahren. „Friede sei mit euch!" – diese Worte gelten jedem, gerade während der Stürme des Lebens.

Dummes Schaf?

Wenn zwei sich streiten, fällt leicht der Ausdruck „du dummes Schaf". Doch ist das gerechtfertigt? Darf ich so reden? Ist ein Schaf wirklich dumm?
Auch nach christlichem Verständnis ist das sicher nicht so. Hier spielt das Schaf oder vielmehr das Lamm eine besondere Rolle. Das steht schon im Alten Testament: Bevor das Volk Israel aus Ägypten auszog, sollte es das Pascha-Mahl halten. Es wurde dazu ein Lamm geschlachtet. Mit seinem Blut wurden die Türpfosten der Häuser der Israeliten bestrichen. So blieb das Volk von der letzten Plage verschont, die den Ägyptern auferlegt war. Die Erstgeborenen blieben am Leben (Ex 12,21–29).
Später wurde das Lamm zum Symbol für Christus. Johannes der Täufer wies die Menschen auf das „Lamm Gottes" hin, das in die Welt kommt, um alles zu erlösen. „Seht das Lamm Gottes, das die Sünde der Welt hinwegnimmt" (Joh 1,29). Gott macht sich ganz klein, wie ein Lamm, das zum Schlachten geführt wird.
Andererseits werden aber auch die Gläubigen selbst mit dem Bild des Lammes umschrieben. Wir kennen das Gleichnis vom guten Hirten. Er kennt die Schafe und die Schafe kennen ihn. Sie hören auf ihn und sie folgen ihm. Am kommenden Sonntag begegnet uns genau das im Evangelium: „In jener Zeit sprach Jesus: Ich bin der gute Hirt. Der gute Hirt gibt sein Leben hin für die Schafe. Der bezahlte Knecht aber, der nicht Hirt ist und dem die Schafe nicht gehören, lässt die Schafe im Stich und flieht, wenn er den Wolf kommen sieht; und der Wolf reißt sie und jagt sie auseinander. Er flieht, weil er nur ein bezahlter Knecht ist und ihm an den Schafen nichts liegt" (Joh 10,11–13).
Christus ist kein „bezahlter Knecht". Er setzt als guter Hirte sein Leben für uns ein. Ihm liegt etwas an uns. Er geht jedem einzelnen Schaf der Herde selbst in den abgründigsten Verstrickungen und Umwegen nach. Er versucht, es zur Herde zurückzubringen. Und wer klug ist, folgt dem Ruf des Hirten. Der ist kein „dummes Schaf", sondern Christus, der Herr, ist in ihm. Er ist zur Gemeinschaft mit Christus berufen.

Guter Rat muss nicht teuer sein

Wir alle kennen den Spruch: „Guter Rat ist teuer!" Doch stimmt das wirklich? Zugegeben, manchmal schon! Wer ein kniffliges Problem zu lösen hat, der braucht einen Fachmann. Dann kann es sein, dass eine richtig saftige Rechnung folgt: wenn ich einen Schaden am Auto habe, ohne Vollkaskoversicherung, oder in einem Rechtstreit einen Anwalt brauche, ohne Rechtsschutz.
In Glaubensdingen soll das nicht so sein. Der Glaube ist ein Geschenk. Wer glaubt, findet auf viele knifflige Fragen des Lebens eine Antwort. Im Monat Mai zeigt uns Christen das der Blick auf Maria. Schauen wir mal auf ihr Leben und darauf, welchen Rat sie den Menschen in ihrem Suchen und Fragen geben will. Drei Beispiele fallen mir ein:
Maria öffnete sich dem Ruf Gottes. Zum Engel sagte sie: „Ich bin die Magd des Herrn; mir geschehe, wie du es gesagt hast" (Lk 1,38). Das ist ein Wort des Vertrauens, ein guter Rat für mich: Vertraue wie Maria in allem auf Gott. Er wird es recht machen!
Maria blieb trotz Unverständnis treu. Als der zwölfjährige Jesus im Tempel verloren ging, waren Maria und Josef voll Angst. Als sie ihn fanden, verstanden sie seine Worte nicht: „Wusstet ihr nicht, dass ich in dem sein muss, was meinem Vater gehört?" (Lk 2,49b). Maria blieb trotzdem ruhig: „Seine Mutter bewahrte alles, was geschehen war, in ihrem Herzen." (Lk 2,51b). Das ist ein Rat für mich: Bleibe ruhig, wenn du auch vieles nicht verstehst!
Schließlich verwies Maria die Menschen auf Jesus. Das zeigte sich auf der Hochzeit zu Kana: „Was er euch sagt, das tut!" (Joh 2,5b). Guter Rat für mich: Vertraue auf Jesus! Bei ihm wird gewöhnliches Wasser zu edlem Wein. Öffne dein Leben für ihn und vieles kann sich auch bei dir zum Guten verwandeln!
Maria heißt nicht umsonst auch „Mutter vom Guten Rat". Beispielsweise wird die Patronin des Bistums Essen und das dort verehrte Gnadenbild so genannt. Das bedeutet für mich: Wer glaubt, ist gut beraten und guter Rat muss nicht teuer sein!

Maria Knotenlöserin

In der vergangenen Woche fand in Augsburg ein großes Glaubensfest statt, zu dem sich Tausende Gläubige aus ganz Bayern aufmachten: die Wallfahrt zur „Maria Knotenlöserin" in der Kirche St. Peter am Perlach, mitten in der Augsburger Innenstadt. Was hat es damit auf sich?
In der o. g. Kirche befindet sich ein sehr aussagekräftiges Gemälde. Es stammt von dem Maler Johann Georg Melchior Schmidtner (1625–1705). Er malte es um das Jahr 1700. Das Bild zeigt Maria auf der Mondsichel stehend. Sie hält ein weißes Band mit lauter Knoten in den Händen. Mit ihren zarten Fingern löst sie gerade einen Knoten. Gleichzeitig tritt sie einer Schlange auf den Kopf. Die hat ebenfalls eine verknotete Form. Bemerkenswert ist: Auf das Bild wurde sogar Jorge Mario Bergoglio, der heutige Papst Franziskus, aufmerksam, als er 1986 Deutschland besuchte. Er nahm Postkarten davon mit in seine südamerikanische Heimat. Auch dort wird das Bild seitdem verehrt. Was ist nun seine Botschaft?
Zunächst ist zu überlegen: Was bedeuten die Knoten? In jedem Menschenleben gibt es sie! Es sind die vielen oftmals „festgezurrten" Dinge wie Auseinandersetzungen, Sorgen, Nöte, Probleme, die der „Lösung" bedürfen. Der Blick auf Maria zeigt, wie das geschehen kann. Geduldig befolgt sie den Willen Gottes. Sie hat einen langen Atem. Sie gibt nicht gleich auf. Die Evangelien sagen uns das. Bleiben auch wir dran an den Problemen unserer Zeit. Eine gehörige Portion Geduld und Fingerspitzengefühl können helfen, ihnen beizukommen und manche Knoten zu lösen.
Auf andere, unkonventionelle Weise, schaffte es Alexander der Große, den sogenannten „Gordischen Knoten" zu lösen. Er schlug ihn einfach mit einem Schwerthieb durch. Auch so wird Problemlösung heute bisweilen betrieben. Doch nicht selten führt das zur Eskalation. Gewalt erzeugt Gegengewalt. Das zeigen nicht zuletzt die vielen Kriege.
Bleiben wir doch bei Maria. Als die „Knotenlöserin" schlechthin regt sie an, Probleme des Alltags im Frieden zu lösen. Sehr empfehlenswert ist jedenfalls der Besuch bei ihr in Augsburg!

Hoch hinaus und doch geerdet

Was ist eigentlich der Heilige Geist? Diese Frage ist nicht leicht zu beantworten. Auch nicht an Pfingsten, dem Fest, an dem es ja um den Heiligen Geist geht. Ein Erklärungsversuch, wie der Heilige Geist wirkt, ist mir kürzlich bei einem Gottesdienst mit Firmlingen begegnet. Zur Verdeutlichung diente das Bild des Ballonfahrens. Damit ein Heißluftballon aufsteigen kann, braucht es viel Luft. Ähnlich ist es beim Menschen: Damit er leben kann, braucht er Luft zum Atmen. Im übertragenen Sinn bedeutet das: Auch der Heilige Geist ist so ein Lebensatem. Er hilft dem Menschen, dass er „aufsteigen" und in Verbindung mit Gott kommen kann. Das geschieht im geistlichen Leben, im Gebet, im Gottesdienst, in der Kontemplation.
Wer schon einmal einen Heißluftballon beobachtet hat oder mitgefahren ist, weiß, dass allein die Luft für einen gelungenen Start noch nicht genügt. Jeder kennt das charakteristische Geräusch, das man hört, wenn ein Ballon am Himmel ist. Das kommt vom Brenner, der über dem Korb die Luft erhitzt. Das ist also auch nötig: Energie, welche die Luft erwärmt, damit sie aufsteigt und trägt. Im geistlichen Leben ist das das „Brennen", die Begeisterung für die Sache Jesu. Nicht umsonst werden manche Heilige mit einem brennenden Herzen dargestellt und die Emmaus-Jünger sagten: „Brannte uns nicht das Herz in der Brust, als er unterwegs mit uns redete" (Lk 24,32).
Manchmal ist beim Ballonfahren Gegengewicht nötig. Gasballone haben Ballast dabei, damit sie nicht zu hoch steigen und den Kontakt zur Erde verlieren. Auch im Glauben braucht es eine gewisse Bodenhaftung, damit ich die Dinge, die sich in der Welt ereignen, nicht aus den Augen verliere: die Not der Menschen, die Aufgaben, in denen ich gefragt bin. So ein „Ballast" können Zeitgenossen sein, die mich auf den Boden der Tatsachen zurückholen oder der Heilige Geist, der mich vor einem allzu euphorischen Höhenflug bewahrt.
Pfingsten bedeutet jedenfalls: Der Heilige Geist will etwas bewirken – auch in meinem Leben!

3 x 1 = 1

Drei mal eins ist eins, diese Rechnung kann doch nicht stimmen – oder? Da ist doch sicher was schiefgegangen! Aus mathematischer Sicht stimmt diese Vermutung allemal. Die Rechnung geht nicht auf. Aus christlicher Sicht schaut das aber nochmals ganz anders aus. Die Gleichung ist nämlich eine Beschreibung für Gott. Er ist der eine Gott in drei Personen, der dreieinige oder dreifaltige Gott.

Theologen aller Generationen haben sich schon den Kopf darüber zerbrochen, wie sie dieses Gottesbild veranschaulichen sollen. Es ist ja auch schwer zu verstehen. Wie soll das gehen: drei und doch eins?

Im Evangelium vom Dreifaltigkeitssonntag sagt Jesus zu seinen Jüngern: „Darum geht zu allen Völkern und macht alle Menschen zu meinen Jüngern; tauft sie auf den Namen des Vaters und des Sohnes und des Heiligen Geistes ..." (Mt 28,19). Vater, Sohn und Heiliger Geist, das sind also die drei göttlichen Personen.

Richtig vorstellbar ist die Einheit dieser drei nicht, aber vielleicht kann man sie im Glauben erahnen. Gott sagt uns im Gottesbild der Dreieinigkeit jedenfalls zu, dass er uns außerordentlich nah ist. Gottvater ist der Schöpfer. Er hat gewollt, dass es uns Menschen gibt. Er hat uns aus Liebe ins Leben gerufen. Diese Liebe hat in seinem Sohn Jesus Christus menschliche Gestalt angenommen. Seine Liebe haben die Jünger zu spüren bekommen und alle, die er geheilt oder aus großer Not befreit hat. Der Heilige Geist ist die Kraft in uns, die uns Gutes denken und tun lässt, die Kraft der Liebe, die christliches Leben ausmachen sollte.

Das Bild vom dreieinigen Gott zeigt uns Menschen also unsere ganz besondere Würde: Wir kommen von Gott. Er liebt uns. Er ist in uns. Was kann uns da noch passieren?

Auf mathematischem Wege berechnen kann man das freilich nicht. Das beweist aber noch lange nicht, dass es ihn nicht gibt, den dreifaltigen Gott und dass dreimal eins nicht doch eins sein kann.

Il Santo

„Il Santo", „der Heilige", wird er in Italien einfach genannt, der heilige Antonius von Padua, der am 13. Juni 1231 in der Nähe eben seines letzten Heimatortes auf Erden, Padua in Italien, gestorben ist. Gemeinhin gilt er als der Patron derer, die etwas verloren haben. „Heiliger Antonius, kreuzbraver Ma, führ mi doch an mei ... na!", dieses Sprüchlein kenne ich noch aus Kindertagen, von meinem Opa, der es mit einem Schmunzeln im Gesicht gesagt hat. Und noch heute gibt es in vielen Kirchen bei der Figur oder dem Bild des heiligen Antonius einen Opferstock, in den man einen Obolus geben kann, als Spende, die für die Armen bestimmt ist, in der Hoffnung auf das erhörte Gebet.
Das volkstümliche Verständnis der Person des heiligen Antonius von Padua lenkt ein wenig von der großen Bedeutung dieses Glaubenszeugen für die Kirche ab. Immerhin wurde er schon elf Monate nach seinem Tod auf Drängen des Kirchenvolkes heiliggesprochen.
Etliche Jahre vorher war er einer anderen bekannten Persönlichkeit der Kirche wegen seiner überaus großen Redegewandtheit aufgefallen: Franziskus von Assisi. Dieser beauftragte ihn kurzerhand, den Brüdern des von ihm gegründeten Franziskanerordens Vorlesungen zu ihrer theologischen Bildung zu halten. So wurde er zunächst Lehrer der Theologie an der Universität in Bologna und später Ordensoberer der Franziskaner.
Er galt, wie gesagt, als der gewandteste Prediger seiner Zeit. Das möchte uns nicht zuletzt die Legende seiner Predigt an die Fische in Rimini verdeutlichen, als Pendant zur berühmten Vogelpredigt des Franz von Assisi.
Für unser heutiges Christsein heißt all das: Spiritueller Glaube und theologisches Wissen gehören zusammen. Das eine bildet das Fundament und die Grundlage für das andere. Heilige wie Antonius zeugen zudem von der Schönheit unseres Glaubens.
Die kommende Urlaubszeit bietet vielleicht die Gelegenheit, diese Schönheit neu zu entdecken. In Rimini, Padua oder Assisi, oder einfach in unserer schönen bayerischen Heimat, in der „Il Santo" auch von vielen verehrt wird, und das nicht nur, wenn sie etwas verloren haben.

Wieder richtig Sommer

„Wann wird's mal wieder richtig Sommer – ein Sommer wie er früher einmal war?" – Dieses Lied des Showmasters und Entertainers Rudi Carrell ist mir noch aus meiner Kinderzeit im Ohr. Es beschäftigt sich mit der schönsten, weil wärmsten Zeit im Jahr, dem Sommer. Leider kann es auch manchmal sein, dass der alles andere als sommerlich, nämlich kühl und verregnet ist. Anscheinend war das auch schon in den Siebzigerjahren so, sonst wäre das Lied nicht entstanden. Auch in unseren Tagen wünschen wir uns einen warmen Sommer mit Sonnenschein und milden Temperaturen. Am 21. Juni ist es jedenfalls so weit. Der Sommer beginnt. Lassen wir uns überraschen.

Der Beginn der neuen Jahreszeit hat auch religiöse Bedeutung. Am besagten Datum ist die sogenannte Sommersonnenwende. Schon in den frühesten Kulturen unserer Erde wurde diese Zeit als ein Wendepunkt im Jahreskreis gesehen. Die Tage wurden wieder kürzer. Das war ein Symbol für Tod und Vergänglichkeit. Eine eher nachdenkliche Zeit begann.

So ist das im Christentum: Die Sommersonnenwende steht hier in engem Zusammenhang mit dem Geburtsfest des heiligen Johannes des Täufers. Das feiern wir am 24. Juni, also genau sechs Monate vor dem 24. Dezember, der Heiligen Nacht, dem Vorabend des Hochfestes der Geburt Christi.

Johannes war der Vorläufer Jesu. Er wies auf den kommenden Messias hin. Das zeichnet sich sogar im Lauf des Jahres ab. Mit seinem Geburtsfest werden die Tage kürzer. Das heißt, Johannes selbst nimmt ab, Jesus wächst, denn nach Weihnachten werden die Tage wieder länger. Johannes hat sich immer in dieser Vorläuferrolle gesehen. Das war sein göttlicher Auftrag.

Für uns Christen heißt das, dass wir unser Leben vertrauensvoll und hoffnungsfroh leben dürfen. Gott hat die Welt ins Leben gerufen und wird sie wieder vollenden. Am Ende steht jedoch immer Christus. Bei ihm ist es hell. Er ist im Licht. Vielleicht kann uns das Licht der Sommersonne eine Vorahnung dessen sein, vor allem dann, wenn es mal wieder richtig Sommer wird!

Siebenschläfer

Am 27. Juni ist der sogenannte „Siebenschläfertag". Was hat es damit auf sich? – Es gibt ein possierliches Tierchen, den Siebenschläfer. Seinen Namen hat dieses Nagetier bekommen, weil es angeblich sieben Monate Winterschlaf hält. Wie diese Zeitangabe nicht ganz der Wirklichkeit entspricht, die Ruhezeit dauert länger, so besteht auch keine direkte Verbindung zu dem besonderen Datum.
Da müssen wir weiter zurückschauen, nämlich in das Jahr 251. Es war in Ephesus, einer Stadt in der heutigen Türkei. Während der Christenverfolgung des römischen Kaisers Decius (201–251) sollten sieben Brüder wegen ihres christlichen Glaubens den Märtyrertod erleiden. Als sie in einer Höhle Zuflucht suchten, wurde sie von ihren fanatischen Verfolgern kurzerhand eingemauert. Keine Fluchtmöglichkeit war mehr da. Offensichtlich waren sie verloren. Doch was ereignete sich dann? Die Antwort auf diese Frage ließ viele Jahre auf sich warten. Der Legende nach war es im Jahr 437, als ein Schafhirte die Höhle als Stall nutzen wollte. Die Mauer wurde entfernt. Und siehe da: Die sieben Brüder kamen zum Vorschein – lebend! Kurze Zeit später starben sie.
Solche Heiligenlegenden, von denen es viele gibt, lassen sich oftmals nicht auf historischem Wege belegen oder beweisen. Doch trotzdem künden sie von Erfahrungen, die Menschen mit Gott gemacht haben. Die Geschichten wollen sagen: Für Gott ist nichts unmöglich! Er kann Totgeglaubtem neues Leben geben. Er schenkt Hoffnung, wo Menschen aus eigener Kraft nicht mehr weiterwissen. Der Glaube kann, wie es schon im Evangelium heißt, „Berge versetzen".
Doch noch eine Bedeutung hat der Gedenktag der heiligen sieben Schläfer. Das zeigt sich in vielen Bauernregeln. So wie das Wetter an diesem Tag ist, soll es auch die darauffolgenden sieben Wochen lang sein. Da ist was Wahres dran. Das sagen sogar Meteorologen. Ende Juni zeichnet sich die Großwetterlage des Jahres ab. Hoffentlich ist also am Siebenschläfertag schönes Wetter!

Benedikt und seine Regel

Regeln sind wichtig. Sie sollen nicht einengen oder unterdrücken. Sie sollen beim Zusammenleben helfen. Gesetze und Vorschriften brauchen wir, damit nicht alles drunter und drüber geht, im Staat, in der Gesellschaft und im Alltag. Der Straßenverkehr ist geregelt, damit es keinen Stau gibt und Menschen ohne Unfall ans Ziel kommen. In allen Sportarten gibt es Regeln, die Fairness und Gerechtigkeit einfordern und gewährleisten. Es gibt im sogenannten „Knigge" Benimmregeln, deren Ziel es ist, eine Atmosphäre von Höflichkeit und Entgegenkommen zu schaffen. So könnte man noch weitermachen – Regeln, Regeln, Regeln.
Auch in der christlichen Religion gibt es Regeln. Seien es die Zehn Gebote oder das Kirchenrecht – auch hier: Regeln sind nötig, damit kein Chaos entsteht und menschliches Zusammenleben auch in christlicher Gemeinschaft gelingt.
Eine Regel, die mir dazu noch einfällt, ist die Benediktusregel. Der 11. Juli ist der Gedenktag des Heiligen, der sie verfasst hat: Benedikt von Nursia (480–547). Er gilt als der Begründer des abendländischen Mönchtums. Er wollte das Zusammenleben in seiner Ordensgemeinschaft regeln. Was er sagt, ist auch heute noch aktuell. Es bringt Gewinn für das persönliche Glaubensleben. Es lohnt sich, da mal einzulesen. Benedikt schreibt beispielsweise über den Abt: „Er hasse die Fehler, er liebe die Brüder." Das regt an, zwar Vergehen zu verurteilen, aber dabei nie den Menschen aus dem Blick zu verlieren. An anderer Stelle heißt es über den Pförtner: „Sobald jemand anklopft oder ein Armer ruft, antworte er: ‚Dank sei Gott' oder ‚segne mich'." Das beinhaltet eine Mahnung, Fremde wertzuschätzen. Eine zentrale Aussage der Regel aber ist: „Dem Lobe Gottes soll nichts vorgezogen werden!" Dieses Wort mahnt, bei aller Geschäftigkeit des Alltags Gott nicht zu vergessen. Da steckt also eine große Weisheit drin. Die Regel soll nicht einengen, sondern vielmehr helfen. Das ist Anregung für jeden, bei der Lektüre so manchen Schatz zu heben!

Wenn jemand eine Reise tut

„Wenn jemand eine Reise tut, so kann er was erzählen." Dieses Zitat des deutschen Dichters Matthias Claudius (1740–1815) wird in jedem Jahr, gerade jetzt, in der Urlaubszeit, wieder besonders aktuell. Viele Menschen verreisen, um einmal aus dem Alltag auszubrechen und in fremder oder bereits gewohnter Umgebung des Urlaubsortes, sei es hierzulande oder im Ausland, zu entspannen und sich zu erholen oder fremde Länder und Kulturen kennenzulernen. „Wenn jemand eine Reise tut, so kann er was erzählen."
Das Reisen spielt auch im Christentum eine Rolle. Wir kennen große christliche Reisende, die durch ihr Tun mitgeholfen haben, dass sich der Glaube verbreiten konnte. Der Erste unter ihnen war Paulus von Tarsus (ca. 5–64 n. Chr.). Insgesamt vier Schiffsreisen führten ihn in die ganze damals bekannte Welt. Viele Strapazen nahm er um des Evangeliums willen auf sich.
Ein anderer war der heilige Franz Xaver (1506–1552). Er war Mitbegründer des Jesuitenordens und ebenfalls ein großer Missionar. Er brach von Lissabon auf, umrundete das Kap der Guten Hoffnung und gelangte so auf dem Seeweg nach Indien, Indonesien und Japan. Das ist für die damalige Zeit eine außerordentliche Leistung.
Da fällt mir noch ein christlicher Reisender ein. Er gehört in unsere Zeit: der heilige Papst Johannes Paul II. (1920–2005). Er unternahm während seiner Amtszeit 104 Auslandsreisen und besuchte 128 Länder.
Wenn man das nachahmen wollte, wäre man überfordert. Das muss auch gar nicht sein. Denn selbst im kleineren Rahmen bringt eine Reise Gewinn – und das nicht zuletzt für das Glaubensleben. Gerade Wallfahrtsorte sind beliebte Reiseziele: Assisi, Rom, Santiago, Lourdes, Fatima und auch Altötting oder Kevelaer hierzulande. Etwas Besonderes ist eine Reise in das Heilige Land, um die Orte zu besuchen, an denen Jesus gelebt und gewirkt hat. So etwas ist beeindruckend und interessant und trägt sicherlich auch dem Sprichwort Rechnung: „Wenn jemand eine Reise tut, so kann er was erzählen."

Laudato si'

Wer die Worte „Laudato si'" hört, denkt vielleicht an ein Lied, das gerne bei Jugendfreizeiten oder Familiengottesdiensten gesungen wird. Es kann aber auch sein, dass ihm der heilige Franz von Assisi in den Sinn kommt. Der hat den Text gedichtet, als Loblied auf die Schöpfung, den berühmten Sonnengesang. „Laudato si'" heißt auf Deutsch „Gelobt seist du" und bezieht sich auf Gott, dem der Mensch für die Schöpfung danken sollte.
Vor nicht langer Zeit haben diese Worte neue Aktualität erlangt. Papst Franziskus hat seine zweite Enzyklika, sein zweites päpstliches Rundschreiben, veröffentlicht. Die Anfangsworte dieses Schreibens und somit auch sein Titel lauten, im Blick auf seinen Namenspatron, ebenfalls: „Laudato si'" – „Gelobt seist du".
Der Papst greift hier die brennenden Themen Umwelt- und Klimaschutz auf und nennt gravierende Missstände beim Namen. Damit möchte er ein weltweites Umdenken fördern und die Verantwortlichen in Politik und Wirtschaft aufrütteln. Probleme wie Umweltverschmutzung und Klimawandel, Verschlechterung der Lebensqualität und der soziale Niedergang sowie die weltweite soziale Ungerechtigkeit werden genannt, deren Wurzeln meist in menschlichem Fehlverhalten liegen.
Der Papst verlangt eine ganzheitliche Ökologie und gibt Leitlinien für ein neues Handeln, das auch von spirituellen Impulsen getragen ist. Die können im persönlichen Leben umgesetzt werden: So kann ich mein Konsumverhalten überprüfen. Was brauche ich wirklich, um dem Leben Sinn zu geben, und was ist überflüssig? Wie gehe ich mit anderen Menschen um – in der Familie und auch im Blick auf die vielen Notleidenden in der Welt? Welche Rolle spielt für mich Gott und seine Schöpfung? Habe ich davor Ehrfurcht? – Wer über all diese Dinge nachdenkt, kommt vielleicht zu der Einsicht: Weniger ist oftmals mehr. Eine übergroße Vielfalt der Konsumangebote steigert im Grunde nicht die Lebensqualität sondern eher die Unzufriedenheit. Allen Missständen gilt es entgegenzuwirken und so lohnt es sich sehr, die Worte des Papstes zu lesen und sie für das eigene Tun zu bedenken.

Brot vom Himmel

Wer eine Bäckerei betritt, findet dort eine Vielzahl der verschiedensten Brotsorten – Vollkornbrot, Weizenbrot, Roggenmischbrot, Dinkelbrot, Knäckebrot, Toastbrot – um nur einige wenige zu nennen. Brot gehört zu den wichtigsten Grundnahrungsmitteln und wem läuft nicht das Wasser im Mund zusammen beim Duft von frisch gebackenem Brot? So ist das also: Brot ist gut, Brot ist wichtig, es gibt dem Menschen Kraft und hält ihn am Leben.
Da ist es nicht verwunderlich, dass das Brot auch in der Bibel vorkommt. Schon im Alten Testament ist das der Fall. Im Buch Exodus gibt Gott seinem Volk nach der Flucht aus Ägypten „Brot vom Himmel", das Manna in der Wüste, das verhindert, dass die Israeliten vor Hunger zugrunde gehen (Ex 16,12–15). Eine besonders schöne Stelle steht auch in den Psalmen: „Du lässt Gras wachsen für das Vieh, auch Pflanzen für den Menschen, die er anbaut, damit er Brot gewinnt von der Erde ... und Brot das Menschenherz stärkt" (Ps 104,14). In diesen Worten zeigt sich eine große Wertschätzung für das Brot, die bei vielen Völkern in Vergangenheit und Gegenwart zu finden ist.
So ist es einleuchtend, dass auch Jesus das Symbol Brot verwendet, um den Menschen die tiefe Bedeutung des Glaubens an Gott für ihr Leben aufzuzeigen. Brot ist wichtig um dem Körper Nahrung zu geben. Es stärkt und sättigt ihn. Doch nicht nur der Leib braucht lebenserhaltende Speise – auch die Seele braucht Nahrung.
In den sogenannten Brotreden Jesu, die an diesen Sonntagen in den Evangelien vorkommen, sagt er von sich selbst: „Ich bin das lebendige Brot, das vom Himmel herabgekommen ist. Wer von diesem Brot isst, wird in Ewigkeit leben" (Joh 6,51). Das sind Worte, die aufhorchen lassen und Hunger machen wollen, nach dem „Mehr" im Leben, das der Glaube Menschen schenken kann. Nicht umsonst bitten wir ja auch im Vaterunser um das tägliche Brot – für den Leib, aber auch für die Seele.

Grüne Kräuter

Im kirchlichen Brauchtum spielt die Farbe Grün eine wichtige Rolle. Bei den verschiedensten Festen des Kirchenjahres und anderen Ereignissen des christlichen Lebens begegnet sie uns. Im Advent schmücken wir unsere Wohnungen mit grünen Zweigen. An Weihnachten erfreut uns das Grün des Christbaums. Am Palmsonntag halten wir bei der Palmprozession grüne Zweige in den Händen, wie die Menschen bei Jesu Einzug in Jerusalem. Am Hochfest Mariä Himmelfahrt segnen wir grüne Kräutersträuße in unseren Kirchen. Grüne Kränze legen wir an den Gräbern unserer Verstorbenen nieder – grün, grün, grün. Und das Grün hat mit dem Leben zu tun: Im Frühling erwacht die Schöpfung. Sie wächst und gedeiht in sattem Grün. Regen lässt selbst in der trockensten Wüste grüne Pflanzen sprießen. Jemand, der gut mit Pflanzen umgehen kann, hat einen „grünen Daumen". Grün ist die Farbe der Hoffnung, die Farbe der Tatsache, dass Gott uns nicht vergisst, sondern in allem Wachstum und Gedeihen schenkt.
Ein Beispiel für dieses Wachsen im Leben wie im Glauben ist Maria, die Mutter Jesu. Am 15. August feiern wir das Hochfest ihrer Aufnahme in den Himmel. Dabei schauen wir auf ihr Leben. Sie hat ein einfaches Leben geführt, in das plötzlich Gott eingetreten ist. Maria hat den Willen Gottes erfüllt. Sie brachte seinen Sohn Jesus zur Welt. Ihn hat sie begleitet und war für ihn da. Sie stand weinend unter seinem Kreuz. Am Pfingsttag empfing sie gemeinsam mit den Jüngern den Heiligen Geist. Schließlich vollendete sie ihr Leben und wurde in die Gemeinschaft mit Gott aufgenommen – Mariä Himmelfahrt.
Das Leben in der Gemeinschaft mit Gott – jetzt und auch dann, wenn der Weg auf dieser Erde zu Ende geht, dürfen wir auch erhoffen. Grüne Zweige begleiten uns durch das ganze Kirchenjahr. Grün ist die Farbe der Hoffnung. Die grünen Kräuter an Mariä Himmelfahrt stehen für das, was Maria mit Gott erfahren hat und das allen Menschen verheißen ist: Heil und Leben!

Barocke Schönheit

In unserer bayerischen Heimat gibt es viele wunderschöne Barock- und Rokokokirchen. Wem geht nicht das Herz auf, wenn er eine solche betritt? Reicher Stuck, farbenprächtige Deckengemälde – das Herz fließt über angesichts der Vielfalt.
Doch das wurde nicht immer so empfunden. Als das Zeitalter des Barock begann, gab es auch Menschen, die keine so positive Sicht auf die Dinge hatten. Das Wort „Barock" kommt ursprünglich aus dem Portugiesischen: „Barroco" wurden hier ungleichmäßig geformte Perlen genannt – also Ausschussware. Die Betonung liegt auf den Eigenschaftswörtern „schief" und „ungleichmäßig", um nicht vielmehr zu sagen, „merkwürdig". So beurteilten Zeitgenossen die neu entstehende Stilrichtung.
Es gibt auch heute Menschen, die mit der barocken Kunst nicht viel anfangen können. Trotzdem hat sich allgemein das Bewusstsein für die Schönheit des Barock etabliert. Das macht Mut, denn der Barock lässt sich mit dem Leben in Verbindung bringen.
Gibt es hier nicht auch viele Dinge, die nicht so schön zu sein scheinen? Lässt einen das Leben nicht immer wieder die eigene Unzulänglichkeit spüren? Gibt es nicht Momente, in denen ich mich in meiner Haut nicht wohlfühle? Meine ich, dass ich zu dick, zu dünn oder einfach komisch oder merkwürdig bin? Strenge ich mich an, gut auszusehen und gefalle mir dann meistens trotzdem nicht? – In all dem spricht mich dieser Satz an: „Das ist alles Geschmackssache!" Vielleicht gehören manche dieser auf den ersten Blick „unschönen" Eigenschaften, Haltungen, Einstellungen einfach zu meiner Person. Vielleicht machen sie meine unverwechselbare Persönlichkeit erst wirklich aus. So kann ich selbst aus meinem Schattendasein heraustreten. Mein Glaube sagt mir jedenfalls: Du bist ein Kind Gottes! Du bist in Ordnung, so wie du bist! Du wirst gemocht mit all deinen Fehlern, Ecken und Kanten! Einmal wurde ja auch die Kunstrichtung des Barock nicht verstanden und trotzdem spricht sie bis heute viele Menschen auf unverwechselbare Weise an.

Gottes Segen

„An Gottes Segen ist alles gelegen!" – diese Worte möchten deutlich machen, wie wichtig der Segen Gottes ist. Um das zu verstehen, gilt es, nachzufragen: Was bedeutet eigentlich „segnen"? Das Wort kommt vom lateinischen „benedicere" und heißt „Gutes sagen" oder „gut reden". Einem Menschen werden gute Worte zugesprochen. Er soll erfahren, dass Gott es gut mit ihm meint. Er wird Gottes Schutz und Begleitung anvertraut.
Eine Mutter segnet ihr Kind, indem sie ihm ein Kreuz auf die Stirn zeichnet. Es ist schön, wenn man sich bei einem Abschied gegenseitig segnet. Es gibt Lieder mit Segenswünschen, die gerne bei den verschiedensten Anlässen gesungen werden, sei es beim Geburtstag oder im Gebetskreis. Nach jedem Gottesdienst segnet der Zelebrant die Gläubigen.
Es gibt besondere Formen des Segens: Der Reisesegen begleitet Reisende, damit sie sicher ihr Ziel erreichen und gut wieder nach Hause kommen. Der Wettersegen wird zwischen dem Fest des heiligen Markus am 25. April und dem Fest der Kreuzerhöhung am 14. September gespendet. So bitten die Gläubigen um gedeihliches Wetter, eine gute Ernte und den Segen für ihre Arbeit. Für den Primizsegen, den die Neupriester nach ihrer Priesterweihe sprechen, lohnt es sich, „ein Paar Schuhsohlen durchzulaufen". So sagt es der Volksmund. Es gibt auch den eucharistischen Segen, der mit dem Allerheiligsten in der Monstranz gespendet wird.
Die Welt und auch wir Menschen unterliegen einem Wandel. Der Sommer ist bald vorbei. Der Herbst beginnt. Es dauert nicht mehr lange, dann fängt das neue Schul- und Berufsjahr an – Herausforderungen warten. Da ist der Segen Gottes besonders wichtig. Ich möchte Ihnen für die restliche Ferien- und Urlaubszeit und auch für das, was danach beginnt, diesen Segen mit auf den Weg geben mit Worten aus dem Alten Testament (Num 6,24–26): „Der Herr segne dich und behüte dich. Der Herr lasse sein Angesicht über dir leuchten und sei dir gnädig. Der Herr wende sein Angesicht dir zu und schenke dir Heil." In diesem Sinne wünsche ich Ihnen Gottes reichen Segen!

Niemals aufgeben!

„Never give in! Never give in! Never, never, never ...!", hat der ehemalige britische Premierminister Winston Churchill einmal in einer leidenschaftlichen Rede gesagt. Das heißt so viel wie: „Gib nie, nie, niemals auf!" Dieser Satz wurde zu einem geflügelten Wort, das Menschen dazu anhält, selbst in schwierigen Lebenssituationen nie den Mut zu verlieren: „Gib nie, nie, niemals auf!" Jeder steht in seinem Leben irgendwann einmal vor besonderen Herausforderungen. Die gilt es zu meistern. Ein Mitarbeiter erhält von seinem Chef eine neue Aufgabe, in die er hineinwachsen muss. Ein junges Paar bekommt das erste Kind. Das Familienleben verändert sich. Es muss neu organisiert werden. Auch die Kirche ist im Umbruch. Die Pfarreiengemeinschaften werden größer. Das Gemeindeleben verändert sich. Auch das ist eine Herausforderung – für Hauptamtliche wie für Gemeindemitglieder. Doch in all dem ermuntern uns Worte wie diese: „Gib nie, nie, niemals auf!" Natürlich kann es auch sein, dass man sich Ziele gesteckt hat, die nicht realisierbar sind und deren Erreichen einem verwehrt bleibt – die Heilung von einer schweren Krankheit, ein Berufs- oder Beziehungswunsch, ein angestrebter persönlicher Erfolg. Auch wenn all das nicht möglich ist, gilt es trotzdem, nicht aufzugeben, denn wo sich die eine Tür schließt, tut sich eine andere auf – selbst in den aussichtslosesten Momenten gilt: „Gib nie, nie, niemals auf!" Gerade für uns Christen sollte das ein Thema sein. Zeugnis dafür geben die Evangelien: „Bittet, dann wird euch gegeben ...", lesen wir da (Mt 7,7). Das ist die Aufforderung Jesu, sich an Gott festzuhalten und das auch in Schwierigkeiten aufrechtzuerhalten. Dazu braucht es Hartnäckigkeit. Auch Jesus ist einen schweren Weg gegangen. Selbst im Tod hat er nicht aufgegeben. Er ist auferstanden und verheißt auch uns dieses nie endende Leben. Mit anderen Worten heißt das für mich: Verzage nicht und „gib nie, nie, niemals auf!" – Denn es wartet Großes auf dich!

Wie herrlich ist's doch im Herbst

„Wie herrlich ist's doch im Herbst, im Herbst, da ist mir so wohl. O bliebe es immer nur Herbst, im Herbst, da fühl ich mich wohl ..." – In einem lustigen Couplet besingt der legendäre Münchener Komiker Karl Valentin (1882–1948) die vier Jahreszeiten. Dabei wiederholt er für jede Jahreszeit immer denselben Text. Am Ende protestieren die Zuhörer lautstark und es folgt mit den Worten „... und gerade der Winter wäre so interessant gewesen ..." die Pointe.

Was Valentin hier scherzhaft darstellt, entspricht dennoch der Realität. Im Jahreslauf hat jede Jahreszeit ihren eigenen Reiz, auch der Herbst.

Am 23. September ist Herbstanfang. Das Laub der Bäume verfärbt sich. Die Natur wird in Rot- und Goldtöne getaucht. Diese Stimmung regt besonders an sonnigen Tagen zu schönen Spaziergängen an. Alles in allem werden die Tage aber wieder kürzer, die Abende länger. Es wird zunehmend kühler und es kann regnerisch und windig sein. Da tut es gut, die Abende in der gemütlichen Wohnung zu verbringen, vor dem Kamin, mit einer Tasse Tee. Das sind schöne Momente.

Allerdings hat der Herbst auch mit Vergänglichkeit zu tun. Die Natur erstirbt, der Winter naht. Das ist ein Bild für das menschliche Leben. Wir kennen den Begriff „Herbst des Lebens". Die Jahre vergehen, Menschen werden älter. Die Zeit geht nicht spurlos an ihnen vorüber. So manche Gebrechen bleiben nicht aus. Doch es gibt oft auch hier viel Positives. Im Gespräch mit älteren Menschen staune ich immer wieder über die vielen wertvollen Erfahrungen, die sie in ihrem Leben gemacht haben. Oft künden diese von der Ahnung, dass Gott mit dabei war – Zufriedenheit wird spürbar. Dazu passen dann auch folgende Worte, mit denen Karl Valentin seine Liedstrophe abschließt: „Der Herbst, der hat sowas Eignes, der Herbst besitzet die Kraft. O bliebe es immer nur Herbst, der Herbst gibt Mut uns und Kraft!" – Da ist doch wirklich etwas Wahres dran!

Mont-Saint-Michel

Dunkle, tief hängende Wolken, Kälte, starker Regen und Wind – so kann der Empfang für den sein, der eine bekannte Sehenswürdigkeit Frankreichs, den Mont-Saint-Michel, besucht – sogar im August!
Mont-Saint-Michel heißt eine kleine Felseninsel vor der Küste der Normandie. Sie wird von einem Kloster gekrönt, das dem heiligen Erzengel Michael geweiht ist. Schon von Weitem ist das charakteristische Bauwerk zu sehen. Ein Steg durch das Wattenmeer verbindet die Insel mit dem Festland. Mit Bussen ist das UNESCO-Welterbe zu erreichen, ebenso mit Pferdekutschen. Mit so einer war ich unterwegs. Beim Aussteigen traf mich die ganze Kraft des Seewetters. Da hieß es, den Regenschirm festhalten und schnell zum rettenden Tor laufen, durch das der Weg hinein in den Ort mit seinen engen Gassen führt. Drinnen herrschte reges Treiben. Gesäumt von Läden und kleinen Restaurants führen die Stufen zum Kloster hinauf. Auf halbem Weg gibt es eine Michaelskapelle. Sie lädt zum Dableiben ein. Viele Lichter brennen. Es spielt leise Musik. Ich spüre Wärme und Geborgenheit. Das tut gut bei dem schlechten Wetter.
In der Kapelle denke ich an die vielen Generationen, die hier wohl schon Schutz suchten – vor dem Wetter, aber auch vor nahenden Feinden. Seit dem Jahr 708 gibt es die Gemeinde. Im Jahr 1022 wurde mit dem Bau des Klosters begonnen. Seitdem kommen Wallfahrer hierher.
Am 29. September ist der Gedenktag der hll. Erzengel Michael, Gabriel und Raphael. Schon in biblischen Zeiten haben Menschen gespürt, dass Gott mit seinen guten Mächten da ist. Diese haben Namen bekommen in den heiligen Engeln. So ist das auch im Buch Tobit, im Alten Testament: Tobias kommt, vom Erzengel Raphael begleitet, sicher ans Ziel seiner Reise.
Das und der Aufenthalt auf der Klosterinsel nach stürmischem Empfang sagen mir: Auch während der Stürme des Lebens finde ich Wärme, Sicherheit und Schutz bei Gott. Das ist mein schönstes Andenken an den Mont-Saint-Michel.

Mir fehlen die Worte

„Mir fehlen die Worte" – diesen Satz höre ich bei Menschen in den verschiedensten Lebenslagen, besonders in Leid oder Freude. Ihnen kommt Jesus entgegen. Er bietet ihnen ein wichtiges Gebet an: das Vaterunser.
In Jerusalem gibt es auf dem Ölberg die Paternoster-Kirche. Sie steht der Überlieferung nach dort, wo Jesus die Jünger beten lehrte. In 140 Sprachen ist das Vaterunser an den Wänden auf schönen alten Majolika-Fliesen zu lesen.
In der Bibel stehen zwei Fassungen: im Matthäus- und im Lukasevangelium. Es wurde zu einem der bekanntesten Texte der Heiligen Schrift und zum verbreitetsten Gebet der Christenheit.
Als solches ist es Rüstzeug in allen Lebenslagen, Leid oder Freude. Seine Worte bieten sich Menschen an, denen eigene Worte fehlen und die nicht formulieren können, was sie Gott sagen möchten. Alles, was das Leben ausmacht, kommt hier vor: „Vater unser im Himmel, geheiligt werde dein Name. Dein Reich komme. Dein Wille geschehe, wie im Himmel so auf Erden. Unser tägliches Brot gib uns heute. Und vergib uns unsere Schuld, wie auch wir vergeben unseren Schuldigern. Und führe uns nicht in Versuchung, sondern erlöse uns von dem Bösen. Denn dein ist das Reich und die Kraft und die Herrlichkeit in Ewigkeit. Amen." – Da ist wirklich alles drin: Himmel, Erde, Existenz, Schuld, Vergebung, Versuchung, Erlösung ... Das heißt, Gott ist da, in allem, was menschliches Leben ausmacht. Er ist der Vater. Er nimmt Anteil am Leben und führt es auch zur Vollendung. Mir fehlen die Worte! Es lohnt sich, dem oft schon zu vertraut gewordenen Vaterunser nachzuspüren und es zu bedenken. Wir tun das in unserer Pfarreiengemeinschaft Peißenberg/Forst in den kommenden Wochen in einem Glaubenskurs. Dazu sind alle Interessierten herzlich eingeladen. Es lohnt sich, das Vaterunser neu zu entdecken – das gilt für die, die sich gerne anderen mitteilen genauso wie für die, denen vor lauter Freude oder Leid die Worte fehlen.

Trichter zum Himmel

Le Havre ist eine Hafenstadt in Nordfrankreich, an der Küste des Ärmelkanals. Der Stadtkern besteht aus modernen Betonbauten – kunsthistorisch sind sie nicht besonders wertvoll, könnte man meinen. Doch weit gefehlt: Das Zentrum von Le Havre ist Weltkulturerbe!
Während des Zweiten Weltkrieges wurden die historischen Bauten weitgehend zerstört. Da machte sich ein Team von Planern unter der Leitung des Architekten Auguste Perret (1874–1954) gemeinsam mit vielen Arbeitern ans Werk, den Stadtkern wiederaufzubauen.
Es entstand ein neues Ortszentrum. Den Mittelpunkt bildet die Kirche St. Joseph. Ihr Turm sieht wie ein Leuchtturm aus und ist 107 Meter hoch.
An einem verregneten Morgen machte ich einen Spaziergang in Le Havre. Den hohen Turm in der Stadtmitte hatte ich noch gar nicht als Kirchturm erkannt. Ich ging zu dem seltsamen Gebäude hin. Als ich es betrat, zeigte sich mir ein beeindruckendes Bild. Ich befand mich in einer Kirche. Über dem Altar erhob sich der mächtige Turm in den Himmel. Innen konnte ich bis zum Dach hinaufschauen. Tausende Glasbausteine tauchen den Raum in farbiges Licht – wirklich atemberaubend!
Dazu passend fand ich später ein Zitat des Physikers und Aphoristikers Georg Christoph Lichtenberg (1742–1799): „Kirchtürme: Umgekehrte Trichter, das Gebet in den Himmel zu leiten.“ Kein anderes Wort könnte den Kirchturm von Le Havre besser beschreiben. Die Stadt erlebte die Schrecken des Krieges. Die Gebete für die Opfer und den Frieden in der Welt steigen seitdem mahnend zum Himmel empor, dafür ist der Turm ein eindrucksvolles Symbol!
Am 18. Oktober feiern wir Kirchweih. Dieses Fest erinnert daran, dass alle Kirchtürme „Trichter zum Himmel“ sind. Das Gespür dafür fehlt heute oft. Doch die Einladung gilt: in die Kirche zu kommen, Gott hier seine Sorgen anzuvertrauen und zu erahnen, dass es eine Verbindung zwischen Himmel und Erde gibt. Dafür sind die Kirchtürme ein Zeichen.

Ist der Papst jetzt Apotheker?

„Ist der Papst jetzt Apotheker?" – Bestimmt haben sich viele Menschen auf dem Petersplatz gewundert, als Papst Franziskus an einem Sonntag nach dem Angelusgebet diese Worte sprach. Er tat das, nachdem er vorher etwas anderes gesagt hatte: „Ich möchte euch zu einer Medizin raten ... Es handelt sich um eine besondere Medizin ... Es ist eine Medizin aus 59 Kügelchen, die eine Arznei für das Herz sind." – Heißt das, der Papst empfiehlt den Gläubigen ein homöopathisches Medikament? – „Ist der Papst jetzt Apotheker?"

Weit gefehlt! Franziskus meinte etwas ganz anderes. Das merkten die Pilger auf dem Petersplatz spätestens, als sie ein von Ehrenamtlichen ausgeteiltes kleines Schächtelchen, eine Medikamentenpackung, in den Händen hielten. Darin fanden sich keine Tabletten, sondern ein Rosenkranz! Aha, das also war die Medizin! Doch wie ist das zu verstehen?

Es handelt sich „um eine geistliche Medizin", sagt Papst Franziskus, und so ist es auch. Das Rosenkranzgebet kann Balsam für die Seele sein. Gebete werden kontinuierlich wiederholt. Das hört sich zunächst langweilig an, doch steckt etwas ganz Wohltuendes dahinter: Jeder Mensch ist einmal gefangen in den Sorgen des Alltags. Es gibt oft nicht die Gelegenheit, einfach mal auszubrechen. Auch ich habe da das Rosenkranzgebet entdeckt. Es ist für mich nicht nur ein langweiliges Herabbeten von immer gleichen Gesätzen, sondern hilft, in einen Zustand der Ruhe und der Ausgeglichenheit zu kommen. Einfach mal abschalten im Trubel des Alltags, ohne weit wegfahren zu müssen – der Rosenkranz macht's möglich!

Der Oktober ist traditionell der Rosenkranzmonat. Wäre es nicht etwas, dieses oft verkannte Gebet gerade jetzt wieder neu für das eigene Glaubensleben zu entdecken? Wer's probieren will, schlägt einfach im Gotteslob nach: Bei der Nummer vier findet er alle Informationen und in jedem Klosterladen gibt es einen schönen Rosenkranz dazu – als Arznei für das Herz und Medizin für die Seele!

Das ist mir heilig

Haben Sie, liebe Leser, etwas, das Ihnen heilig ist? Bestimmt fällt Ihnen dazu etwas ein. Mir auch! Ich habe Dinge und auch Menschen, die mir heilig sind. Da ist die alte Armbanduhr, die mich an meinen Großvater erinnert, oder der Rosenkranz, den ich von einem besonderen Ort des Glaubens mitgebracht habe. Da sind der Teddybär aus meiner Kindheit und das Foto meiner schon verstorbenen Eltern. Da ist der Freund, mit dem ich über alles reden kann oder die Freundin, die es gut mit mir meint. Das alles ist mir heilig.

Außerdem gibt es da noch die Heiligen, die in der Kirche in Ehren gehalten werden. Einige sprechen mich hier ganz besonders an: der heilige Franziskus, dessen Spiritualität ich bei meinen zahlreichen Reisen nach Assisi spüren durfte, der heilige Pfarrer von Ars, welcher der Schutzpatron der Priester ist, oder die heilige Theresia vom Kinde Jesu, deren einfacher, kleiner Weg des Glaubens mich sehr anspricht, um nur einige zu nennen.

Doch, was bedeutet das Wort „heilig" überhaupt? Wer nachliest, findet leicht heraus, dass „heilig" so viel heißt wie „ausgesondert" oder „nicht dem irdischen, sondern dem himmlischen Bereich angehörig". Das Heilige ist also nicht von dieser Welt.

Ich finde diese Definition sehr treffend. Warum und wieso mir etwas heilig ist, kann ich nicht genau erklären. Ich kann diese Empfindung auch nicht selbst herbeiführen. Sie ist ein Geschenk. In den Dingen oder Menschen, die mir heilig sind, lässt sich, so glaube ich, ein Stück Himmel erahnen – ein Vorgeschmack von dem, was einmal sein wird – ewige Freude.

Am 1. November feiert die Kirche das Hochfest Allerheiligen. Da hat alles, was uns heilig ist, seinen Raum. Da ist Gelegenheit, Gott dafür zu danken – für die Heiligen der Kirche, für Menschen, die uns Gutes getan haben, Lebende wie Verstorbene, und für die kleinen Dinge, die uns an diese Menschen erinnern und die uns lieb und teuer, ja sogar heilig geworden sind.

Herztätowierung

Der Kulturwissenschaftler und Philosoph Peter Sloterdijk (*1947) hat den Begriff von der „Herztätowierung" geprägt. Er sagt, dass jeder Mensch schon vor seiner Geburt bis zum Zeitpunkt seines Todes geprägt wird von den Einflüssen, die von außen auf ihn einwirken. Menschen und Ereignisse hinterlassen Spuren in seinem Herzen, sprich seinem Innersten, und formen so seine unverwechselbare Persönlichkeit. Jedem, der auf sein Leben zurückschaut, werden solche prägenden Personen oder Momente einfallen – im Negativen, wie im Positiven.
Wenn wir in den christlichen Kirchen im Monat November der Verstorbenen gedenken, tun wir das besonders im Blick auf die Menschen, die uns in Liebe verbunden waren, die uns Gutes taten, die wir sehr vermissen. Wir haben sie ins Herz geschlossen, sagen wir. Oft kommt da so mancher Zweifel auf. Kann es überhaupt etwas sein mit einem Leben nach dem Tod, das der Glaube uns verheißt?
Hoffnung gibt da eine Geschichte aus dem Johannesevangelium: die Auferweckung des Lazarus (Joh 11,1–44). Jesus kommt in den Ort Bethanien. Sein Freund Lazarus ist gestorben. Dessen Schwestern Maria und Martha trauern um ihn. Sie sind verzweifelt. Jesus zeigt Mitgefühl. Er weint und ist „im Innersten erregt und erschüttert". Das zeigt, dass Lazarus Spuren im Herzen Jesu hinterlassen hat. Jesus, der Sohn Gottes, lässt sich vom Schicksal des Lazarus und damit vom Schicksal der Menschen berühren.
Für mich heißt das: Wir sind gleichsam in das Herz Gottes „eintätowiert", jeder mit seinem Namen. Gott vergisst uns nicht, nicht einmal im Tod. Er hat auch unsere Verstorbenen nicht vergessen. Sie sind uns zu ihm vorausgegangen. Das ist doch wirklich eine tröstliche Botschaft.
Die kann uns gerade am Volkstrauertag ansprechen, wenn an die Gefallenen der Weltkriege und anderer kriegerischer Auseinandersetzungen in aller Welt gedacht wird. Auch ihr Name ist wie eine „Tätowierung" im Herzen Gottes und kann nicht mehr gelöscht werden. Nicht um alles in der Welt!

Ein ganz anderer König

In der sogenannten Boulevard- und Regenbogenpresse finden sich regelmäßig Berichte über die europäischen Königshäuser. Das Leben der „Royals" ist für viele interessant und wird hochstilisiert. Wie wurde die Traumhochzeit gefeiert? Hat es Skandale gegeben? Wie heißt das neugeborene Kind in der Königsfamilie? Wie sieht der neue Thronfolger aus? – Das alles sind Fragen, die Menschen beschäftigen und über die deshalb gerne geschrieben wird. Sowas wird mit Interesse gelesen: Glanz und Glamour, roter Teppich, Hochglanzformat.

Ein ganz anderer König ist da der, um den es am kommenden Sonntag geht. Wir feiern den Christkönigssonntag. Der besondere König ist Jesus Christus. Glanz und Glamour sind bei ihm „Fehlanzeige". Bestenfalls gibt es ein wenig davon in der Weihnachtsgeschichte. Doch kommt es darauf überhaupt an?

Das Königtum Jesu ist ganz anderer Art. Seine Krone ist die Dornenkrone und sein Thron ist das Kreuz. Er trägt den purpurroten Mantel, den ihm die höhnenden Soldaten umgehängt haben. Diese Dinge deuten auf den Weg hin, auf dem er seine Herrschaft erringt. Es ist der Weg des Leidens.

„Mein Königtum ist nicht von dieser Welt", sagt Jesus unmissverständlich im Evangelium des Christkönigssonntags (Joh 18,33 bis 37). Und so ist es auch: Er ist alles andere als ein weltlicher König. Damit stellt er alles bisher Dagewesene auf den Kopf. Es geht ihm weder um weltliche Macht noch um Ruhm und Anerkennung und schon gar nicht um einen Sieg durch Waffengewalt.

Alles, was er möchte, ist, für die Menschen da zu sein. Und das gerade in ihrem Leiden, Versagen und Sterben. Jesus ist so ein König, der mitleidet. Auf seinem Kreuzweg geht er den Menschen voraus. In seinem Tod durchlebt er ihr Schicksal und in seiner Auferstehung schenkt er auch ihnen das ewige Leben. – Er ist eben ein ganz anderer König, der Christkönig – ein König, der Hoffnung macht.

Lebenserwartung

Die durchschnittliche Lebenserwartung ist die statistisch zu erwartende Lebenszeit eines Menschen. Die Länge dieser Zeitspanne hängt von den verschiedensten Faktoren ab: Ernährungssituation, medizinische Versorgung, politische Lage, Kriege, Seuchen und Naturkatastrophen spielen u. a. eine Rolle. Menschen in Westeuropa, Nordamerika und Japan haben eine hohe Lebenserwartung von über achtzig Jahren. Menschen, die in den Ländern Afrikas südlich des Äquators leben, haben leider immer noch – mit weniger als fünfunddreißig Jahren – die weltweit kürzeste Lebenserwartung. Ein langes Leben gilt als Geschenk. Feiert jemand ein hohes Geburtstagsjubiläum, sprechen wir von einem „gesegneten" Alter.
Das Wort „Lebenserwartung" kommt mir auch in den Sinn im Blick auf die Zeit, die im Kirchenjahr vor uns liegt: der Advent. Advent heißt „Ankunft" und ist eine Zeit der Erwartung, wenn man so will der Lebens-Erwartung – wie das? Wir erwarten im Advent das Fest der Geburt des Sohnes Gottes. Es erinnert uns daran, dass in ihm, wie bei jeder Geburt eines Kindes, neues Leben in die Welt kommt. Doch nicht nur das! Dieses Kind ist etwas ganz Besonderes. In ihm kommt Gott selbst zur Welt. Die Liebe Gottes zu den Menschen wird in ihm greifbar. Das Kind hat eine große Botschaft für alle Menschen: Es schenkt Leben. Wir dürfen uns von ihm Leben erwarten. Dadurch verlängert sich unsere Lebenserwartung ins Unermessliche! Das geschieht unabhängig der Anzahl der irdischen Lebensjahre.
Wir wissen, wohin der Weg Jesu nach seiner Geburt führt. Zunächst ist da das Leben bei seiner Familie in Nazareth. Dann beginnt sein öffentliches Wirken. Jesus geht, begleitet von Menschen, die ihm nahestehen, seinen Weg. Der Lebensweg wird zum Leidensweg. Den geht Jesus auch stellvertretend für alle Leidenden und Beladenen, die in der Welt zu kurz kommen. Der Weg durchquert Leid und Tod und mündet im Leben. So schenkt Jesus den Menschen Lebenserwartung – über den Tod hinaus! Das bedeutet Advent.

Barmherzig heißt warmherzig

Als ich im Religionsunterricht die Kinder in der dritten Klasse einmal nach der Bedeutung des Wortes „barmherzig" fragte, antwortete ein Bub wie aus der Pistole geschossen: „Barmherzig heißt warmherzig!" Das Sprichwort „Kindermund tut Wahrheit kund" stimmt, dachte ich und freute mich über die Antwort.
Auch Philosophen verwenden Vergleiche, um Sachverhalte zu beschreiben. „Barmherzig heißt warmherzig!" – Wärme tut gut. Wenn Menschen Wärme und Geborgenheit erfahren, fühlen sie sich wohl. Kälte ist unangenehm, Wärme behaglich.
So ist auch die Barmherzigkeit etwas, wonach Menschen sich sehnen. Nicht umsonst ist im Hebräischen das Wort für „Barmherzigkeit" sinnverwandt mit dem Begriff „Mutterschoß". Wenn der Mensch Barmherzigkeit erfährt, wähnt er sich, ähnlich wie vor seiner Geburt, in einer Umgebung des Vertrauens, der bergenden Liebe, des angstfreien Daseins.
Papst Franziskus hat für das kommende Jahr ein „Heiliges Jahr der Barmherzigkeit" ausgerufen. Die Motivation des Papstes ist, dem andauernden Unfrieden in Welt und Gesellschaft, der auch vor der Kirche nicht Halt macht, entgegenzutreten. Dabei regt er an, sich die Frage zu stellen: „Wie kann man heute Barmherzigkeit leben?"
Es gibt die sogenannten „Werke der Barmherzigkeit", die leiblichen und die geistigen. Es sind jeweils sieben an der Zahl. Diese Werke sind Programm für ethisches Handeln. Im Gotteslob (Nr. 29,3) kann man sie nachlesen: „Die leiblichen Werke sind: Hungernde speisen, Durstigen zu trinken geben, Nackte bekleiden, Fremde beherbergen, Kranke besuchen, sich um Gefangene sorgen und Tote in Würde verabschieden. Die geistlichen sind: Unwissende lehren, Zweiflern raten, Trauernde trösten, Sünder zurechtweisen, jenen, die Leid zufügen, verzeihen, Lästige ertragen und für alle beten."
Diese Schlagworte sind wie ein Rezept für das heilige Jahr, damit sich schwierige Lagen entspannen und vielen Menschen durch die Erfahrung von Barmherzigkeit wieder richtig warm ums Herz wird.

Stade Zeit

„... und wenn die stade Zeit vorüber ist, dann wird's auch wieder ruhiger! ..." – So hat es Karl Valentin einmal äußerst hintergründig angedeutet, was die meisten Menschen in diesen letzten Tagen des Advents eigentlich erfahren: Hektik und Geschäftigkeit, die fast allgegenwärtig spürbar sind. Das ist nicht nur in den Einkaufsstraßen der Städte so. Auch das Berufsleben ist bei vielen angespannt. Kunden möchten ausstehende Lieferungen unbedingt noch vor den Festtagen haben. Der Jahresabschluss oder die Inventur muss fertig sein. Erst dann kann wirklich richtig Weihnachten kommen. Stade Zeit? – Fehlanzeige! Wenn dann der Stress auch noch in der Familie weitergeht, durch Einkäufe für das Fest und Geschenke, die noch benötigt werden, dann ist's sowieso aus und vorbei mit der vorweihnachtlichen Ruhe.
Gibt es denn nichts, was Abhilfe schaffen würde? Mir fällt schon etwas ein. Etwas, das sich lange bewährt hat. Es ist das christliche Brauchtum im Advent. Die Adventsbräuche sind nämlich dazu da, die Zeit zu „entschleunigen" und im Alltag Räume der Ruhe zu schaffen. Das wird heute oft missverstanden oder als Gefühlsduselei abgetan, hat aber seinen Sinn – nämlich Stress zu verringern und damit das Wohlergehen zu stärken.
Mir fällt beispielsweise der Adventskalender ein. Der muss nicht unbedingt mit Süßigkeiten gefüllt sein. Es können auch adventliche Geschichten sein, die an jedem Abend in gemütlicher Runde in der Familie als Bestandteil einer kleinen Besinnung vorgelesen werden. Mit dazu gehört auch der Adventskranz. Seine grünen Zweige verströmen einen angenehmen Duft und das Licht der Kerzen taucht die Wohnung in eine gemütliche und besinnliche Atmosphäre. Es gibt auch die Rorate-Gottesdienste am frühen Morgen oder am Abend, die einladen, in der Kirche bei Kerzenschein und Gesang zur Ruhe zu kommen. Das sind nur einige der guten alten Adventsbräuche, die einen Sinn haben, nämlich mitzuhelfen, dass wir sie wirklich wieder neu für uns entdecken dürfen, die stade Zeit.

Das Wort ist Fleisch geworden

Ein Bild des Priesters und Malers Sieger Köder (1925–2015) zeigt eine auf den ersten Blick idyllische Weihnachtsdarstellung: Eine Familie steht in einem schon etwas zerfallenen Stall. Die Personen sind von Gebälk und Mauerwerk umgeben, über ihnen ein strohgedecktes Dach. Es ist Nacht. Durch eine Lücke in der Mauer sieht man die Sterne leuchten. In der Mitte, von Kindern und Erwachsenen umgeben, steht eine Futterkrippe. In ihr liegt ... aber was ist das? Da stimmt was nicht! Da liegt kein Jesuskind drin. Stattdessen ist eine aufgeschlagene Bibel zu sehen. In ihr sind die Worte zu lesen: „Und das Wort ist Fleisch geworden und hat unter uns gewohnt und wir". Was bedeutet das?
Ausgerechnet am Weihnachtstag begegnet uns in der Liturgie ein nicht ganz einfach zu verstehender Text: der Prolog des Johannesevangeliums (Joh 1,1–18). Ihn kann das beschriebene Gemälde etwas anschaulicher erklären.
„Das Wort ist Fleisch geworden" heißt so viel wie: Der transzendente Gott, der, ähnlich dem gesprochenen Wort, zwar etwas bewirkt, aber nicht greifbar ist, bekommt Gestalt. Er wird in Jesus Mensch. So weit, so gut! Doch warum liegt in dem Bild eine aufgeschlagene Bibel in der Krippe?
Jesus will auch heute noch für die Menschen greifbar sein. Dazu braucht er uns, unsere Arme und Beine, unsere Stimme, unser Dasein in der Welt. Anweisung für ein christgemäßes Handeln sind die Evangelien. „Und das Wort ist Fleisch geworden und hat unter uns gewohnt und wir" - „... haben seine Herrlichkeit gesehen ...", würde es weitergehen. Die letzten beiden Worte „und wir" können uns aber auch fragen lassen: Wie gehen wir mit der Botschaft Jesu um? Lassen wir uns anrühren von seiner Liebe? Kann durch uns Jesus in die Welt kommen? Wenn ja, kann Weihnachten auch heute noch die Welt verändern! Ich wünsche allen Leserinnen und Lesern ein frohes und gesegnetes Weihnachtsfest und einen guten Rutsch in das neue Jahr!

Auf ein Neues!

Stellen Sie sich vor, Sie wachen eines Morgens auf und gehen in den Tag und der wiederholt sich immer wieder. Die Kalenderfunktion des Weckers zeigt jeden Tag das gleiche Datum an. Sie begegnen genau denselben Menschen. Es ist das gleiche Wetter. Sie sind in einer Zeitschleife. Es beginnt alles immer wieder von vorn. „Auf ein Neues!“, könnte man da immer wieder sagen. – Gott sei Dank gibt es das nur im Film, sprich in „Und täglich grüßt das Murmeltier“, einer bekannten amerikanischen Filmkomödie aus den 90er-Jahren. Einen Vorteil hätte das Ganze ja, man könnte jeden Tag wieder neu anfangen. Man wüsste, was auf einen zukommt und könnte sich darauf einstellen und würde ständig dazulernen und sich weiterentwickeln um dann alle Probleme zu lösen.
In gewisser Weise geht jetzt auch wieder alles von vorne los. Das neue Jahr hat begonnen. Doch anders als im Film werden wir mit einer endgültigen Aktualität der Ereignisse konfrontiert. Es stellen sich viele Fragen: Was kommt im neuen Jahr auf uns zu? Bleiben in der Familie alle gesund? Stellt sich der berufliche Erfolg auch im neuen Jahr ein? Gibt es positive Entwicklungen in der Weltpolitik? Ist einmal eine Wende im Flüchtlingsdrama in Sicht? Kann der weltweite Terror eingedämmt werden? Alle diese Fragen stehen an und noch viele andere mehr. Genaue Antworten haben wir nicht. Anders als im oben genannten Film ist im wirklichen Leben nicht die Chance da, dank der zurückgedrehten Zeit ständig von vorne anzufangen. Man kann oft nur wenig ausprobieren.
Trotzdem gibt es keinen Grund, zu verzweifeln. Der Weg in die Zukunft geht weiter. Ihn zu gehen, ist die Bestimmung eines jeden Menschen – und das muss er nicht alleine tun! Catharina Elisabeth Goethe (1731–1808), die Mutter des großen deutschen Dichters Johann Wolfgang von Goethe, hat einmal gesagt: „Gott, der mich bis hierher gebracht hat, wird weiter sorgen.“ In diesem Sinne heißt es nun das neue Jahr beginnen – also: auf ein Neues!

Mehr vom Leben haben

Ein Diamant erhält Schönheit und Höchstwert, wenn er von einem Edelsteinschleifer kunstvoll mit vielen Facetten geschliffen wird. Ein Apfelbaum bringt bessere Früchte hervor, nachdem er von einem erfahrenen Gärtner veredelt wurde. Eine feine Speise schmeckt noch viel besser, wenn sie ein guter Koch mit erlesenen Gewürzen abgeschmeckt hat. Fazit: Ist die richtige Person am Werk, ist mehr möglich. Menschen haben dadurch mitunter mehr vom Leben, auch mehr Lebensqualität.
Das merken auch die Gäste bei der Hochzeit von Kana (Joh 2,1 bis 11). In der Erzählung aus dem Evangelium vom kommenden Sonntag ist es bekanntlich Jesus, der den Menschen zu einem „Mehr" im Leben verhilft. Und noch dazu veredelt er nicht nur, sondern er verwandelt sogar: Wasser in Wein. Das Einfache wird zum Besonderen. Das Lebensnotwendige wird zu etwas, das Genuss und Freude verspricht. Das Hochzeitsfest ist gerettet. Am Ende erfreuen sich die Gäste an dem guten Wein.
Wir modernen Menschen können uns so ein Wunder nicht erklären. Es ist auch wissenschaftlich nicht zu belegen. Der Verfasser, der es damals aufgeschrieben hat, ist aber überzeugt: Jesus ist etwas ganz Besonderes. Er ist Gottes Sohn. Er ist der Erlöser. Ihm war es wichtig, diese Überzeugung nicht in Vergessenheit geraten zu lassen.
Worin liegt aber nun das „Mehr" der Botschaft Jesu? Es sind nicht zuletzt ethische Grundsätze, die religions- und kulturübergreifend relevant sind. Die finde ich unter anderem in den Seligpreisungen der Bergpredigt (Mt 5,3–12). Gerade die Armen, Trauernden, Gewaltlosen, nach Gerechtigkeit Dürstenden, Barmherzigen, Gutherzigen, Friedensstifter, Gerechten und Verfolgten sind selig, d. h. sie sollen mehr vom Leben haben. Das sind die, die anderen nichts zuleide tun und denen selbst übel mitgespielt wird.
Das zu glauben, fällt nicht leicht mit dem Blick auf die Opfer in der Welt. Es gibt aber auch Trost und lässt hoffen auf eine wahre Gerechtigkeit und das „Mehr" im Leben, das der Glauben verheißt.

Wie dir der Schnabel gewachsen ist

„Rede doch einfach, wie dir der Schnabel gewachsen ist!" – So sagen wir zu Menschen, die sich schwertun, etwas auszudrücken, das ihnen auf den Lippen brennt. Es ist mitunter wesentlich einfacher, etwas in seiner eigenen Mundart zu sagen, also so, wie einem der Schnabel gewachsen ist, als komplizierte und hochtrabende Formulierungen zu verwenden. Sprache sagt auch etwas über die Herkunft aus. An meinem Dialekt erkennen die meisten ungefähr, woher ich komme. So ist Sprache ein Markenzeichen. Die Art, wie ich mit jemandem rede, ist ein unverkennbares Merkmal meiner selbst. Natürlich kommt es dabei nicht nur darauf an, wie ich etwas sage, sondern auch, was ich sage.

Jesus hat es als seine Sendung angesehen, mit den Menschen zu reden, mit ihnen ins Gespräch zu kommen. Nicht umsonst ist er das fleischgewordene Wort Gottes. Auch er hat, wenn man so will, geredet, „wie ihm der Schnabel gewachsen ist", sprich so, wie es seiner ureigenen Sendung entsprach.

Petrus gibt uns im Johannesevangelium Auskunft darüber, welcher Art die Worte Jesu sind, wenn er sagt: „Herr, zu wem sollen wir gehen? Du hast Worte des ewigen Lebens" (Joh 6,68). Dass die Worte Jesu tatsächlich seine Macht ausdrücken, Leben zu erneuern und zu ermöglichen, haben viele erfahren: Zum Taubstummen sagte er das Wort „Effata!", d. h. „Öffne dich!" und er wurde geheilt (Mk 7,34); zum Gelähmten sprach er „steh auf, nimm deine Bahre und geh!" (Joh 5,8) und der Mann machte sich auf den Weg; in das Grab eines Freundes rief Jesus hinein: „Lazarus, komm heraus!" (Joh 11,43) und der Tote erwachte zum Leben und kam ans Licht.

Natürlich gibt es auch biblische Gegenbeispiele, wie man es nicht machen sollte. Da fällt mir die babylonische Sprachverwirrung (Gen 11,1–9) ein, ein alttestamentliches Zeugnis, wie Kommunikation misslingen kann, wenn man zu sehr nach Höherem strebt. Da ist es doch besser, zu reden, wie einem der Schnabel gewachsen ist.

Jetzt wird's wieder heller

„Jetzt wird's wieder heller!" – diese Worte habe ich noch im Ohr, wenn ich an meine Großmutter denke, wie sie mich als Kind, nach schweren Gewittern, beruhigen wollte. Mit dunklen Wolken war der Himmel verhangen. Blitz und Donner jagten mir Angst ein. Starker Regen prasselte nieder. Da war ich wirklich erleichtert, wenn das Unwetter an Kraft verlor, die Sonne heraus kam und vielleicht sogar ein schöner Regenbogen am Himmel erschien: Jetzt wird's wieder heller!
Mit so einem Gewitter kann man auch die schweren und dunklen Stunden des Lebens vergleichen. Probleme und Schwierigkeiten brauen sich zusammen und breiten sich wie eine dichte, undurchdringliche Wolkendecke über allem aus. Auseinandersetzungen verdunkeln das Leben. Unvorhersehbare Schicksalsschläge sind erschreckend wie Blitz und Donner.
Dass es aber auch nach solchen Situationen wieder heller wird, sagt mir das Fest, das wir am 2. Februar feiern, Darstellung des Herrn oder Mariä Lichtmess. Ein Symbol dafür sind die Kerzen, die an diesem Festtag in den Gottesdiensten gesegnet werden und das ganze Jahr über in der Kirche brennen.
Im übertragenen Sinne heißt das: Es ist der Glaube, der das Leben hell machen kann. Er schenkt das Bewusstsein, nicht alles selbst leisten zu müssen, und gibt das Vermögen, mit einer gewissen Gelassenheit durchs Leben zu gehen. Das erfährt der greise Simeon, der im Evangelium vom Festtag sagen kann: „Nun lässt du, Herr, deinen Knecht, wie du gesagt hast, in Frieden scheiden. Denn meine Augen haben das Heil gesehen, das du vor allen Völkern bereitet hast ..." (Lk 2,29–31).
Auch die ersten Veränderungen draußen in der Natur sagen: Es wird wieder heller! Die Nächte werden kürzer und die Tage länger. Meine Oma hat übrigens auch immer eine Wetterkerze angezündet, wenn ein starkes Gewitter im Anzug war. Auch das war ein kleines Zeichen dafür, dass es, nachdem es eine Zeit lang dunkel war, doch immer wieder heller wird – in der Natur genauso wie im Leben!

Wahre Liebe

Am 14. Februar ist Valentinstag, der Tag der Liebenden. Ein vielfältiges Brauchtum kann einem da begegnen. Verliebte beschenken sich. Rote Rosen oder Schokolade sind beliebte Präsente. Auch das Rendezvous, das gemeinsame Ausgehen zum Essen, gehört dazu. Zum Leidwesen mancher Stadtverwaltung hat es sich eingebürgert, dass Paare ein sogenanntes Liebesschloss an Brückengeländern befestigen. Darauf sind ihre Initialen zu lesen und das Datum des Beginns ihrer Liebe. Den Schlüssel werfen sie dann ins Wasser in Verbindung mit einem Wunsch. Wahre, ewige Liebe ist die Sehnsucht vieler.

Doch gibt es das überhaupt? Gibt es die wahre Liebe? Die Praxis zeigt, dass viele Beziehungen bald wieder auseinandergehen und Ehen geschieden werden. Immer weniger Menschen wollen sich ein Leben lang binden. Selbstverwirklichung und Unabhängigkeit sind Schlagworte, die in diesem Zusammenhang genannt werden. Sie sind für viele die eigentlich erstrebenswerten Güter.

Anderes kann man da im „Hohelied der Liebe" lesen, einem bekannten Text, den Paulus in seinem ersten Korintherbrief geschrieben hat. Er beschreibt die wahre Liebe: „Die Liebe ist langmütig, die Liebe ist gütig. Sie ereifert sich nicht, sie prahlt nicht, sie bläht sich nicht auf ... Sie erträgt alles, glaubt alles, hofft alles, hält allem stand ... Die Liebe hört niemals auf ... Für jetzt bleiben Glaube, Hoffnung, Liebe, diese drei; doch am größten unter ihnen ist die Liebe" (1 Kor 13,4–8).

Die Liebe in diesem Sinne zu leben, ist nicht leicht und bleibt wohl ein Geschenk Gottes, für das man offen sein und um das man immer wieder bitten muss. Nicht umsonst gibt es am Valentinstag auch zahlreiche Gottesdienste mit Paarsegnung, die regen Anklang finden. Der heilige Valentin übrigens, der am 14. Februar seinen Gedenktag hat, war Priester in Rom und hat während der Christenverfolgung Paare trotz Verbotes nach christlichem Ritus getraut. Er ist Fürsprecher für alle, die nach ihr suchen oder sie bewahren möchten, die wahre Liebe.

Bitte wenden!

„Bitte wenden! Bitte wenden!" – Wenn ich als Autofahrer diese Aufforderung meines Navis vernehme, dann ist etwas schiefgelaufen. Ich muss umkehren. Womöglich bin ich einen Umweg gefahren oder in eine Sackgasse geraten. Ich erreiche mein Ziel nicht oder komme viel zu spät an. Die Richtung ist falsch. Ich kenne mich nicht mehr aus. Das ist unangenehm.
Es gibt andere Momente, in denen Umkehr dringend notwendig ist. Wenn ich auf einer Bergwanderung bin und ein Unwetter kommt, ist es sicherer, umzukehren. Wer im Nordseeurlaub ins Wattenmeer hinausgeht, muss umdrehen, bevor die Flut kommt. Wer auf einen See hinausschwimmt, muss wenden, bevor er keine Kraft mehr hat. Hier ist Umkehr sogar lebenswichtig.
„Bitte wenden!" – Mit diesen Worten könnte auch die Fastenzeit überschrieben sein. Auch hier geht es um Umkehr – für die Seele und für den Leib – und auch hier gilt: Umkehr ist oft unangenehm, aber manchmal wirklich notwendig.
In der österlichen Bußzeit geht es darum, über sein eigenes Leben nachzudenken. Stimmt die Richtung meines Lebenswegs? Habe ich mir die richtigen Ziele gesteckt? Fühle ich mich noch wohl in meiner Haut? – Wenn ich auf diese Fragen mit Nein antworten muss, ist Umkehr angesagt. Zu erkennen, falsch gehandelt zu haben, ist unangenehm, aber heilsam. Etwas Liebgewordenes loszulassen tut weh, befreit aber, wenn es sich dabei um eine ungute Angewohnheit handelt.
„Bitte wenden!" – Diese Worte sagt mir auch meine innere Stimme, mein Gewissen, das ja auch sowas Ähnliches wie ein Navi ist und mir in meinem Leben Orientierung gibt.
Umkehr kann dann auf verschiedene Weise geschehen: sich entschuldigen, sich darauf besinnen, was einem wirklich guttut, eine Lebensweise korrigieren, wieder einmal zum Beichten gehen. Dem Ruf des Gewissens zu folgen, ist jedenfalls immer möglich. Warum nicht gerade in den kommenden Tagen und Wochen bis Ostern? Der Seele tut es gut und der Leib ist dankbar dafür.

Ich bin da!

Könnte es für ein Kind, das aus schweren Träumen weinend erwacht, etwas Beruhigenderes geben als die vertraute Stimme der Mutter, die ihm sagt: „Ich bin da! Mach dir keine Sorgen! Es ist alles in Ordnung!“? Ihre Stimme wird das Kind trösten, seine Angst vertreiben und bewirken, dass es ruhig wird und wieder einschlafen kann. Das Wissen um das Dasein der Mutter ist das beste Heilmittel gegen alle Furcht und Unsicherheit.
Auch Erwachsene sehnen sich nach jemandem, der da ist – als Helfer bei Problemen, als Zuhörer bei Sorgen, einfach als jemand, der mit ihnen das Leben teilt, der Anteil daran nimmt in der Freude und im Leid. Das sind Menschen, die sagen: „Ich bin da, wenn du mich brauchst!“ Wer so jemanden hat, in Freundschaft oder Partnerschaft, der ist reich gesegnet, der darf sich glücklich schätzen in unserer oft so anonymen Gesellschaft, in der viele Zeitgenossen, nicht selten unfreiwillig, ein Einzeldasein führen.
Neben den Menschen, die uns im Alltag Gemeinschaft erleben lassen, gibt es für uns Christen noch einen anderen Faktor, der sagt, dass niemand alleine zu sein braucht: Gott. Das erzählt mir eine Geschichte aus dem Alten Testament, die wohl jeder kennt und die am kommenden Sonntag in der ersten Lesung des Gottesdienstes zu hören ist. Es ist die Geschichte von Mose, der am brennenden Dornbusch Gott begegnet und ihn nach seinem Namen fragt. Gott antwortet: Ich bin „Jahwe“, d. h. ich bin der „Ich-bin-da“ (Ex 3,14a).
Die geschilderte Szene deutet auf die Erfahrungen hin, welche die alttestamentlichen Menschen mit Gott machten. Sie erlebten ihn als jemanden, der in ihrem Leben wirksam da ist. So möchte er auch zu mir sagen: „Ich bin der ‚Ich-bin-da‘, denn ich bin da, wenn du Angst hast, ich bin da, wenn du allein bist, ich bin da, wenn du nicht mehr weiterweißt.“ So ist Gott wie ein guter Vater und eine gute Mutter, denen ich vertraue, die mich trösten und deren Dasein mich ganz ruhig werden lässt.

Sprich dich aus – das tut dir gut!

„Sprich dich aus – das tut dir gut!“ – Wer so angeredet wird, hat einen bereitwilligen Zuhörer gefunden. Das Gegenüber merkt, dass ihm etwas auf den Lippen brennt oder auf der Zunge liegt, was er unbedingt loswerden will. Der Gesprächspartner signalisiert, dass er ein offenes Ohr für seinen Mitmenschen hat. Und es ist doch auch wirklich so: Eine intensive Aussprache kann sehr heilsam und erleichternd sein.
Sich auszusprechen, ist heilend für jede Beziehung, sei es in Freundschaft oder Partnerschaft. Es wird über Differenzen geredet, die auf diese Weise ausgeräumt werden. Menschen, die einen schweren Schicksalsschlag erleiden mussten, tut es gut, immer wieder über das Erlebte zu reden. Das hilft, die schrecklichen Erfahrungen zu verarbeiten. Über einen Sachverhalt mit jemand Vertrauenswürdigem zu sprechen, ermöglicht auch, die ganze Sache noch einmal aus einem ganz neuen Blickwinkel oder von einem völlig anderen Standpunkt aus zu betrachten. Zudem ist es gut, mal eine andere oder sogar mehrere Meinungen zu einem Problem zu hören. Das eröffnet neue Lösungsmöglichkeiten: „Sprich dich aus – das tut dir gut!“
Doch wenn das nur so einfach wäre! Wo finde ich den Gesprächspartner, zu dem ich wirklich Vertrauen haben kann? Für viele Menschen ist es die Anonymität der Telefonseelsorge, die ihnen hilft, über ihre Sorgen zu reden. Andere nutzen die Möglichkeit eines therapeutischen Gesprächs. Für manche ist aber noch eine weitere Form der Aussprache aktuell, die weitgehend aus der Mode gekommen ist: die Beichte.
Besonders in dieser österlichen Bußzeit ist sie ein Angebot, das eigene Leben zu überdenken und wieder mit sich selbst und Gott ins Reine zu kommen. Dabei soll es keine Demütigung sein, sich vor einem Gegenüber als schuldig zu bekennen. Vielmehr repräsentiert der Priester Gott, der wie ein barmherziger Vater zu den Menschen ist, ein Vater, dem ich alles sagen kann, ein Vater, der zu mir sagt: „Sprich dich aus – das tut dir gut!“

Ohne viel Tamtam

Der 19. März ist mit einer langen Tradition verbunden. Es ist der Josephstag, ein hoher Festtag im katholischen Jahreskreis. An diesem Tag denkt die Kirche an den heiligen Joseph, den Ziehvater Jesu, der Maria, die ein Kind erwartete, zu sich nahm. Die Bibel berichtet nicht sehr viel über Joseph. Er kommt auch gar nicht selbst zu Wort. Doch spielt er trotzdem eine wichtige Rolle: Er hörte auf die Stimme Gottes, die im Traum durch einen Engel zu ihm sprach (Mt 1,18–25). Er ließ sich selbst in tiefsten Zweifeln nicht beirren. Er stand zu seiner Verlobten. Er ging mir ihr durch dick und dünn: karges Dasein im Stall von Bethlehem, Flucht nach Ägypten; Berufstätigkeit als Zimmermann, Familienleben in Nazareth mit allen Höhen und Tiefen, die man gemeinsam mit Frau und Kind erleben kann. Ein ganz normales Leben – ohne viel Tamtam.
Doch gerade im Aushalten dieser Zurückgezogenheit im ganz Alltäglichen liegen die große Stärke und das Verdienst von Joseph. Gerade auf diese Weise hat Joseph viel bewirkt. Er half durch seine Selbstlosigkeit mit, dass in Jesus Gott unter den Menschen leben und in ihren Sorgen zu ihnen stehen konnte und auch heute noch kann. Wenn man so will, könnte man an seinem Festtag gemeinsam mit ihm auch alle anderen ehren, die es ihm bis heute gleichtun und die Mitmenschlichkeit in Familien, Gruppen und Gemeinschaften stärken.
Oft sind es auch hier gerade die im Verborgenen wirkenden Menschen, die viel bewegen. Ich denke dabei an die vielen, die abseits jedes Rampenlichtes Tag für Tag im Leben ihre Frau und ihren Mann stehen, um für andere da zu sein, als Mutter, als Vater, als Betreuerin und Betreuer und auch in allen helfenden Berufen, in der Seelsorge, der Kranken- und Altenpflege, beim Rettungsdienst oder bei der Polizei bis hin zum Bahnpersonal, der Feuerwehr, dem Winterdienst und, und, und ... Ihnen gebührt Anerkennung und Dank, denn sie sind unentbehrlich und leisten Großes und das meist ohne viel Tamtam!

Es ist vollbracht

Sie staunten nicht schlecht und waren vor Ehrfurcht ganz stumm, als sie am 1. November 1512 nach oben blickten. Gemeint sind die Besucher der berühmten Sixtinischen Kapelle in Rom am Tag der Enthüllung des weltberühmten Deckenfreskos, das der geniale italienische Maler und Bildhauer Michelangelo Buonarroti (1475–1564) in den vier Jahren zuvor geschaffen hatte. Für alle Zeiten ist es zu einem Meilenstein in der Kunstgeschichte geworden. Das kann nicht darüber hinwegtäuschen, dass das Werk dem Künstler viel Kraft und Energie abverlangt hat. Doch er hat es geschafft. Er hat seine Arbeit tatsächlich vollendet. Bestimmt bemächtigte sich seiner ein befreiendes Gefühl: Es ist vollbracht!

Wenn auch nicht alle Menschen große Künstler oder geniale Persönlichkeiten sind, so hat doch jeder eine Lebensaufgabe zu erfüllen. Schon Jugendliche haben als besondere Herausforderung den Schulabschluss vor sich. Es folgt die Berufswahl. Auch das ist etwas, das nicht immer wie selbstverständlich vonstattengeht. Manche Menschen haben auf andere Weise zu kämpfen. Es gilt, die Beziehung oder das Familienleben zu gestalten. Andere hadern regelrecht mit ihrem Schicksal. Sie ringen mit einer Krankheit oder leiden am Verlust eines Menschen. Dazu kommen Selbstzweifel, Ängste, Depressionen. Glücklich kann sich der schätzen, der so etwas überwinden und wieder in ruhigeres Fahrwasser kommt. Hilfreich ist da der Blick auf Jesus. Gerade er hat Großes vollbracht. Jetzt, in der Karwoche, denken wir an den schweren Weg, den er gehen musste. Verurteilt, verhaftet, gegeißelt, gequält, getötet – so kann man es mit eindringlichen Worten sagen. Doch – ist das alles? Wie geht's weiter? Geht's überhaupt weiter? – Das Zentrum unseres Glaubens sind Tod und Auferstehung Jesu. Damit bietet Christus jedem Menschen ewiges Leben an. Das gibt Trost und das Gefühl, den Anforderungen des Lebens gewachsen zu sein und am Ende auf ein gutes Ziel zuzugehen. Am Kreuz sagte Jesus: „Es ist vollbracht!" (Joh 19,30). Er hat's vollbracht – für uns! Ich wünsche allen Leserinnen und Lesern frohe und gesegnete Ostern!

Es ist Spargelzeit

Endlich ist es wieder erhältlich, das edle Gemüse, der Spargel, den es nur saisonbedingt zu kaufen gibt. Liebhaber hat er auf der ganzen Welt, welche die zartgekochten Stangen gerne genießen. Zerlassene Butter, Sauce Hollandaise und Schinken sind die bevorzugten Zutaten, die das Mahl zum Genuss werden lassen. Endlich! Es ist Spargelzeit.
Doch auch als Symbol für neu aufbrechendes Leben spricht mich der Spargel an. Wer schon einmal ein Spargelfeld gesehen hat, kennt das: Die glattgestrichene Erdoberfläche der Ackerscholle wird vom Kopf des treibenden Spargels durchbrochen. Das ist fast ein österliches Symbol, denn es zeigt, dass sich das Leben immer wieder einen Weg sucht, um ans Licht zu kommen.
Auch die Siebenzahl steht in Verbindung mit dem Spargel. Sieben Jahre lang können in der Regel die Triebe einer Pflanze als Spargelstangen geerntet werden und sieben Mal kann die Pflanze in einer Saison einen Trieb ausbilden. Der letzte wird dann stehen gelassen. Die Zahl Sieben kommt in vielen Kulturen vor. So auch im Christentum: Sie ist eine Kombination der Zahl für die Dreifaltigkeit und derer für die vier Elemente. So steht sie für die Verbindung des Göttlichen mit dem Weltlichen. Es gibt die sieben Sakramente, die sieben Werke der Barmherzigkeit, die sieben Gaben des Heiligen Geistes. Die Offenbarung des Johannes berichtet vom Buch mit den sieben Siegeln usw.
Letztendlich ist auch noch ein Heiliger im Spiel, wenn es um den Spargel geht. Die Spargelzeit endet am 24. Juni, dem Hochfest der Geburt des heiligen Johannes des Täufers. Kurz vor diesem Datum ist die Sommersonnenwende. Die Tage werden wieder kürzer, die Nächte länger. Es kommt bald wieder die Zeit, in der alles Wachstum zurückgeht, bis im Jahr darauf die Natur zu neuem Leben erwacht.
All das Gesagte zeigt: Der Spargel ist ein besonderes Gemüse. Das wussten die Menschen schon vor über fünftausend Jahren, seitdem er kultiviert wird. Er zeugt vom Schöpfungsplan in der Natur, der schon in den kleinsten und banalsten Dingen sichtbar ist.

Der gute Hirte

Es hat mich früher immer fasziniert, wenn ein Schäfer seine Schafherde über die Wiesen und Fluren in der Nähe meines Heimatortes führte. Das hatte etwas Anheimelndes, Vertrautes aber auch Abenteuerliches. Der Schäferwagen ist mir in Erinnerung mit seinem Kamin und der Hund, der treue Begleiter seines Herrn, der schon instinktiv mithalf, die Schafe auf die richtige Weide zu führen: ein idyllisches Bild.
Mein Schäfer ist in seinem Tun noch dazu in guter Gesellschaft: Die ganze Bibel durchzieht das Bild vom Schäfer als guten Hirten. Er zeigt den Schafen den Weg. Er gibt ihnen Nahrung und er sorgt sich um sie. Er hilft mit, dass sie ihre Bestimmung erreichen können als Lieferanten von Wolle und Milch und auch als Nahrung für den Menschen.
Einige „prominente" Hirten fallen mir ein: Da ist Mose, der beim Hüten der Schafe seines Schwiegervaters Jitro die Gottesbegegnung am brennenden Dornbusch macht. Da ist der Prophet Amos, den Gott von seiner Herde wegruft, um Missstände im Volk anzuprangern. Da sind auch die Hirten von Bethlehem, die als Erste dem neugeborenen Erlöser begegnen. Ich denke auch an die Gleichnisse, die Jesus erzählt, um den Menschen zu sagen, wie Gott ist: nämlich wie ein guter Hirte, der die ganze Herde in der Wüste zurück lässt um einem einzelnen, dem verlorenen Schaf nachzugehen. Schließlich sagt Jesus selbst von sich: „Ich bin der gute Hirt; ich kenne die Meinen und die Meinen kennen mich ..." (Joh 10,11–15). Und er ist etwas ganz Besonderes: Er ist Hirte und Lamm zugleich. Er gibt am Kreuz sein Leben hin, um durch seine Auferstehung den Menschen Nahrung für ihre Seele zu geben, in Form von Hoffnung auf das ewige Leben.
Gibt es dann nicht auch noch die Hirten unserer Zeit? Ich sehe das Bild von Papst Franziskus vor mir. Mit einem Lamm auf den Schultern und den Worten: Die Hirten unserer Tage müssen den „Geruch der Schafe" annehmen. – Eine große Aufgabe für den, der heute guter Hirte sein will.

Sankt Georg

Bereits als Kind war ich irgendwie beeindruckt von meinem Namenspatron, dem heiligen Georg. Das hatte nicht jeder: einen Heiligen, der sich hoch zu Ross, bewaffnet mit einer Lanze, einem wilden und gefährlichen Drachen entgegenstellt, um die schöne Prinzessin zu retten. Als Bub, der gerne auch Ritter spielte, gefiel mir das.

Bis heute blieb eine gewisse Faszination für Sankt Georg erhalten. Und das, obwohl es fast keine historisch gesicherten Quellen für den Soldatenheiligen gibt. So viel wissen wir jedenfalls: Er stammte aus Kappadokien in der heutigen Türkei und gehörte zur Zeit des Kaisers Diokletian dem römischen Heer an. Da er sich während der Christenverfolgung für die gefährdeten Anhänger Jesu einsetzte, erlitt er selbst den Märtyrertod.

Sein Mut und sein Durchhaltevermögen schlugen sich in der Legende seines Drachenkampfes nieder. Demnach trieb vor den Toren einer Stadt ein gefährlicher Drache sein Unwesen. Um ihn zu besänftigen, wurden ihm Menschenopfer dargebracht. Eines Tages fiel das Los auf die Tochter des Königs. Sie wurde gerettet, da Georg den Drachen mit seiner Lanze besiegte.

So unglaublich solche Legenden für uns moderne Menschen sind, liegt in ihnen doch eine Wahrheit verborgen. Der Drache steht für das Böse, die Prinzessin für das Gute. Georg, der in enger Verbindung mit Gott steht, wird fähig, dem Guten zum Sieg zu verhelfen. Das heißt im übertragenen Sinn: Niemandem, der sein Leben im Vertrauen auf Gott lebt, kann das Böse, so bedrohlich es auch in unserer Welt oftmals ist, im Letzten etwas anhaben. Er teilt sein Schicksal gemeinsam mit Georg und allen Heiligen mit Jesus Christus, der durch seinen Tod und seine Auferstehung den Tod und alles Böse besiegt hat.

Es lohnt sich also, auf seinen Namenspatron zu schauen. Jeder hat da seine eigene und ganz persönliche Geschichte. Lesen Sie doch einfach mal über Ihren Patron in einem Heiligenlexikon nach. Außerdem wünsche ich allen, die Georg heißen, am 23. April alles Gute und Gottes Segen zu ihrem Namenstag!

JNTROIBO·AD
ALTARE·DEI

Amoris Laetitia

Päpstliche Schreiben werden immer mit ihren Anfangsworten betitelt. So auch das kürzlich erschienene nachsynodale Schreiben „Amoris Laetitia" von Papst Franziskus. Der Papst hat es als Zusammenfassung der Ergebnisse der beiden jüngsten Familiensynoden herausgegeben. In den Medien wurde viel darüber berichtet. Die Worte bedeuten: „Die Freude der Liebe" und folgerichtig beginnt der Text auch so: „Die Freude der Liebe, die in den Familien gelebt wird, ist auch die Freude der Kirche". Das sind gewichtige Worte, in denen die große Wertschätzung der Kirche den Familien gegenüber zum Ausdruck kommt.

Dass sich die Familie aber zahlreichen Herausforderungen stellen muss, wird auch ganz klar benannt. Familienangehörige leben sich auseinander. Es gibt Probleme, welche das Familienleben stark beeinträchtigen. Es mangelt an Zeit füreinander usw. Die unschuldig Leidtragenden sind in der Regel die Kinder. Solche Entwicklungen wirken sich auch auf die Kirche aus. Nicht zuletzt gibt es das Thema des Umganges mit Paaren, die geschieden und wieder verheiratet sind. Können sie zu den Sakramenten zugelassen werden? Das Kirchenrecht ist da eindeutig. Doch geht es in dem Schreiben nicht in erster Linie darum, sondern das einzelne Schicksal wird in den Blick gerückt. Es gibt zahlreiche schuldlose Schicksale. Mit dem Rat, solches im Einzelfall vor Ort differenziert zu beurteilen und zu begleiten, überträgt Papst Franziskus viel Verantwortung an die Bischöfe und Priester in den Ortskirchen, womit Wege der Barmherzigkeit eröffnet werden.

Schon Papst Benedikt XVI. hat einmal formuliert: „Es gibt so viele Wege zu Gott, wie es Menschen gibt." Kirche hat die Aufgabe, Menschen zu helfen, den persönlichen Weg zu Gott zu finden, sie aber auch einzugliedern und damit Gemeinschaft, insbesondere die Familiengemeinschaft, zu stärken. Dem trägt Papst Franziskus mit seinem Schreiben Rechnung. „Amoris Laetitia" – „die Freude der Liebe" möge so in vielen Herzen wachsen, besonders in den verbitterten und traurigen und in denen, die mitfühlen und für andere da sind.

Ein guter Geist

Haben Sie auch schon einmal gehört, dass gesagt worden ist: „Da herrscht ein guter Geist“? Orte werden manchmal so beschrieben, an denen Menschen sich wohlfühlen, Bauwerke, die zum Eintreten einladen, in denen man sich geborgen fühlt, oder ein Garten, in dem der Besucher zur Ruhe kommen und sich an der im Frühling sprießenden Blütenpracht erfreuen kann, oder auch Urlaubsorte, an die man immer wieder fährt, weil es einem dort besonders gut gefällt.
Ein guter Geist kann auch in einer Gruppe oder Gemeinschaft herrschen. Er ist in der Familie spürbar, in der ein harmonisches Leben möglich ist und das Zusammensein gut gelingt. Er beseelt das Kollegium, in dem die Mitarbeiter gut miteinander auskommen. Und er zeichnet den Verein aus, in dem der Teamgeist dazu führt, dass gemeinsame Ziele in Angriff genommen und auch erreicht werden.
Ein guter Geist schenkt zudem Energie und weckt auf. Er ist wie der Wind, der durch die Fenster eines Hauses weht und für Frischluft sorgt. Er weht den Staub der Vergangenheit und das Laub des letzten Herbstes weg, um Neuem den Weg zu eröffnen und Altes in neuem Glanz erstrahlen zu lassen.
Den wirklich guten Geist zu erkennen, ist manchmal gar nicht so leicht. Und oft ist das, was sich gut anfühlt, in Wirklichkeit gar nicht so gut. Man denke an Abhängigkeiten, ungesunde Lebensweisen oder Freundschaften, die einen negativen Einfluss auf Menschen haben. Da heißt es, die Geister zu scheiden und dem guten Geist nachzuspüren, offen zu sein für ihn.
Gott möchte ihn uns jedenfalls schenken, den guten Geist. Das tat er schon in Jesus Christus. All sein Tun geschah im Geist der Liebe zu Gott und den Menschen. Wer nach seinem Vorbild handelt, hilft mit, in seiner nächsten Umgebung einen guten Geist zu verbreiten.
Es ist gut, dass es das bevorstehende Pfingstfest gibt. Es ist das Fest des guten, des Heiligen Geistes – Zeit für jeden, wieder neu den guten Geist zu empfangen, den die Welt so nötig hat.

Konstantin

Im Geschichtsunterricht und auch später, in der Vorlesung für Kirchengeschichte, spielte er eine Rolle: Kaiser Konstantin der Große. Er ist nicht unumstritten, doch eines macht ihn bedeutend: Er half dem bis dahin verfolgten Christentum, sich zu etablieren. Sein Gedenktag am 21. Mai wird im katholischen Heiligenkalender zwar nicht geführt, doch in den orthodoxen Kirchen wird er verehrt. Ein wichtiges Ereignis, das aus seinem Leben überliefert ist, stellt die Schlacht an der Milvischen Brücke nördlich von Rom im Jahr 312 dar. Konstantin besiegte seinen Kontrahenten Maxentius und bahnte sich so den Weg zur Alleinherrschaft im Römischen Reich. Der Legende nach hatte er einen Traum. Er sah darin am Himmel das Christusmonogramm und hörte die Worte „In hoc signum vinces", d. h. „in diesem Zeichen wirst du siegen". Kurzerhand ließ der Kaiser das „XP" auf die Feldzeichen seiner Armee schreiben und es gelang. Konstantin gewann und der Weg für das Christentum wurde frei, um später sogar Staatsreligion im Römischen Reich zu werden.
Es ist nicht gut, wenn Glaube mit kriegerischen Aktionen in Verbindung gebracht wird. Beispiele aus Geschichte und Gegenwart warnen davor. Doch im übertragenen Sinn ist es durchaus nachvollziehbar, in den „Kämpfen" des Lebens den Glauben zu bewahren. Glaube kann helfen, dass Menschen in Not und Bedrängnis standhalten können. Diese Bedrohungen haben mitunter vielseitige Facetten. Für die einen ist es der ständige Kampf wegen existenzieller Sorgen. Für die anderen ist es das Ringen um Anerkennung und Respekt. Wieder andere kämpfen um eine Beziehung, die zu zerbrechen droht. Die Nächsten müssen lernen, mit einer schweren Erkrankung umzugehen. In allem sagt Christus seine Nähe zu, wie sie offenbar auf irgendeine Weise auch Konstantin erfahren hat. „In hoc signum vinces" – „in diesem Zeichen wirst du siegen", diese Worte weisen, übersetzt ins Heute, in jeder persönlichen Not auch auf das Kreuz hin, an dem Jesus Leid und Tod besiegt hat.

Jeanne d'Arc

In vielen Kirchen Frankreichs gibt es eine Figur oder ein Bildnis der französischen Nationalheiligen Johanna von Orléans, die in der Landessprache auch Jeanne d'Arc genannt wird. Sie hat von 1412 bis 1431 gelebt und Großes für ihr Heimatland getan. Es war zur Zeit des Hundertjährigen Krieges. Als einfaches Bauernmädchen, gerade einmal 13 Jahre alt, hatte sie eine Vision mit dem Auftrag, ein tugendhaftes, christliches Leben zu führen. Außerdem forderten sie, der Überlieferung nach die heilige Katharina und der Erzengel Michael in Erscheinungen auf, Frankreich aus der Bedrängnis durch die Engländer zu retten. Diese außergewöhnlichen Ereignisse ließen sie nicht mehr los. Sie machte sich mit einigen Getreuen auf den Weg und erzielte die erhofften Erfolge. Der Feind wurde geschlagen und der legitime Thronfolger, Karl VII., wurde von Johanna zu dessen Krönung in der Kathedrale zu Reims begleitet. Später fiel sie aufgrund von Intrigen in Ungnade und wurde in der Stadt Rouen hingerichtet. Der 30. Mai ist ihr Gedenktag. Nach ihrer Rehabilitation, 25 Jahre später, wurde sie zur Nationalheldin Frankreichs und als Märtyrin verehrt. Sie wurde 1909 selig- und 1920 heiliggesprochen. Große Dichter wie Voltaire, Schiller oder Brecht sowie Komponisten wie Verdi oder Tschaikowski griffen das Leben Johannas in ihren Werken auf. Sie ist eine einzigartige Persönlichkeit in der Geschichte.
Die Jungfrau von Orléans, wie Jeanne d'Arc auch genannt wird, besticht bis heute durch Geradlinigkeit, Standhaftigkeit, Durchhaltevermögen und Glauben. Sie war „gerüstet" für die Anforderungen des Lebens. Das entspricht dem, was Paulus so beschreibt: „Wir aber, die dem Tag gehören, wollen uns rüsten mit dem Panzer des Glaubens und der Liebe und mit dem Helm der Hoffnung auf das Heil. Denn Gott hat uns nicht für das Gericht seines Zorns bestimmt, sondern dafür, dass wir durch Jesus Christus, unseren Herrn, das Heil erlangen" (1 Thess 5,8 f.). Wer so gerüstet ist wie Jeanne d'Arc wird den Weg zu Gott finden.

Durch die Blume gesagt

Wer etwas „durch die Blume" sagt, übt auf vorsichtige und freundliche Weise Kritik. Das möchte die Redewendung vermitteln. Doch genauer betrachtet tragen Blumen tatsächlich eine Botschaft. Narzissen, Tulpen, Gladiolen, Sonnenblumen: Alle diese blühenden Gewächse haben eines gemeinsam: Sie erfreuen Auge, Herz und Sinn. Es ist schön, jemandem Blumen zu schenken, und „durch die Blume" lässt sich vieles sagen.
Rote Rosen sind ein Geschenk, mit dem der Liebende seine Geliebte beglückt. Die Nelke symbolisiert Freundschaft. Bunte Dahlien gehören in jeden Bauerngarten. Der Mohn taucht im Sommer die Felder in Rot. Der Löwenzahn lässt sie in sattem Gelb erstrahlen. Gänseblümchen und Margeriten schenken die kleinen Kinder ihren Müttern. Der Lavendel verbreitet im Süden seinen betörenden Duft. Die Orchidee steht anmutig auf dem Fensterbrett. Lilien und Calla machen Hochzeitskirchen und -tafeln festlich. Zudem schenken sie Trauernden Zuversicht und erinnern an die Auferstehung. Die Chrysantheme ist auch dem Totengedenken gewidmet. Sie blüht bis in den November hinein.
Man sieht: Blumen haben eine Botschaft. Durch die Blume lässt sich vieles sagen. Manche Blumen zeigen in Lebensweise und Aussehen sogar etwas von der Glaubensbotschaft: Die Christrose erblüht mitten im Winter, um Weihnachten herum, und lässt sich selbst bei widrigen Witterungsverhältnissen nicht unterkriegen. So ist sie Zeichen für die Geburt Christi, in der sich nach Heil sehnenden Welt. Auch die Passionsblume beeindruckt. Ihre Blüten beinhalten Symbole des Leidens Jesu. Wenn man genau hinsieht, lassen die Formen der Pflanze Dornenkrone, Kreuznägel und Geißel erahnen. Etwas ganz Besonderes ist freilich die Titanenwurz, die vor nicht allzu langer Zeit im Münchener Botanischen Garten erblühte. Sie kommt auf Sumatra vor und ist mit bis zu drei Metern Höhe die größte Blume der Welt. Wenn man so will, ist sie ein Zeichen, dass aus Kleinem ganz Großes entstehen kann. Die ganze Vielfalt zeigt jedenfalls: Durch die Blume lässt sich vieles sagen.

Auf den Hund gekommen

Wer „auf den Hund gekommen" ist, der hat nichts zu lachen. Der Bedeutung der Redewendung nach ist er in eine schwierige wirtschaftliche oder gesundheitliche Situation geraten. Die Worte kann man aber auch zu jemandem sagen, der sich eben erst das betreffende Haustier angeschafft hat, also im wahrsten Sinne des Wortes „auf den Hund gekommen" ist. Da sieht dann die Sache schon viel positiver aus.

Für viele ist es etwas Schönes, einen Hund als Gefährten an der Seite zu haben, vorausgesetzt, die Lebensumstände lassen das zu. Das sagen mir Begegnungen mit Menschen, die Hunde besitzen. Sie legen eine große Verbundenheit mit ihrem Vierbeiner an den Tag und in den meisten Fällen merkt man, dass ihnen die tierische Gemeinschaft sichtlich gut tut. Viel gerühmt wird die Treue des Hundes. Wenn sich der bellende Freund einmal an Frauchen oder Herrchen gewöhnt hat, dann ist das Miteinander unzertrennlich.

Sogar in der Bibel spielt der Hund eine Rolle. Hier kommt er aber leider nicht so gut weg. Da steht zunächst die gefährliche Seite im Vordergrund. So ist er in den Psalmen eine Bedrohung, die den Menschen umkreist. In den Evangelien bekommt er nur das, was vom Tisch des Menschen herabfällt. Wer jedoch an Weihnachten eine Krippe in seiner Wohnung aufstellt, hat meist auch eine Hunde-Figur mit dabei. Hier ist er der treue Begleiter der Hirten, die ihre Schafe weiden und in der Christnacht dem neugeborenen Retter begegnen.

Ebenso kommt der Hund in etlichen Heiligenlegenden vor – auch hier meist in einem positiven Sinn. Er ist der treue Begleiter des Menschen und er wird auch als Attribut für begnadete Prediger verwendet. Das hat wohl damit zu tun, dass er sich, sei es in Freud oder Leid, lautstark bellend bemerkbar macht. Die heilige Hildegard von Bingen hat einmal gesagt: „Gib dem Menschen einen Hund und seine Seele wird gesund." Also – wohl dem, der „auf den Hund gekommen" ist.

Nimm und lies

Urlaubszeit ist zugleich Lesezeit. So decken sich viele Menschen, bevor sie wegfahren, noch mit genügend Lesestoff ein. Für die einen ist die Lieblingslektüre der dicke historische Roman, die anderen widmen sich lieber dem neuesten Sachbuchbestseller. Kriminal- oder Liebesromane sind nach wie vor sehr beliebt. Nicht zuletzt werden auch Werke der klassischen Literatur immer wieder gerne gelesen. Nimm und lies! – So könnte ein Werbeslogan dafür lauten. Es ist auch gut, dass es in unserer Zeit zahlreiche Bücher schon als sogenanntes E-Book gibt. Das Buch auf digitalem Wege zu lesen, spart Platz und ist bequem.
Der heilige Augustinus (354–430) hat in einer Zeit gelebt, in der es solche High-Tech-Möglichkeiten, Literatur zu genießen, freilich noch nicht gab, doch auch er machte mit den Worten „Nimm und lies!" Bekanntschaft. Er befand sich im Garten seines Hauses in Mailand und lag unter einem Feigenbaum – ins Gebet versunken und auf der Suche nach Gott. Da hörte er plötzlich die Stimme eines Kindes, das immer wieder singend die Worte wiederholte: „Tolle, lege" – „nimm und lies". Er hatte eine Bibel bei sich, schlug sie auf und begann zu lesen. Augustinus war von den Worten, die er da vorfand, so beeindruckt, dass er unverzüglich sein Leben änderte und den Glauben als das entdeckte, was ihm Sinn und Richtung gab. Was aus ihm wurde, ist überliefert. Zunächst war er Theologe und Philosoph und schließlich Bischof und Kirchenlehrer.
So betrachtet, könnten die Worte „nimm und lies" für jeden eine Anregung sein, neben der Lieblingslektüre auch mal der Heiligen Schrift Platz in seinem Leseplan einzuräumen. Die Lebensveränderung bräuchte gar nicht so drastisch zu sein wie bei Augustinus. Aber vielleicht würde so doch ein bisschen der Hunger auf mehr geweckt werden, nach mehr Sinn und mehr Zukunft. Genau das hat die Bibel anderen Schriften voraus. Sie ist wirklich ein Buch des Lebens – nimm und lies!

Auf dem Teppich bleiben

„Bleib auf dem Teppich!" – sagt man zu Menschen, die dazu neigen, etwas zu übertreiben. Sie werden gemahnt, die Realität nicht aus den Augen zu verlieren und sich nicht zu überschätzen. Sie sollen auf den sprichwörtlich gewordenen „Boden der Tatsachen" zurückgeholt werden und normal bleiben. Für viele ist das gar nicht so einfach. Mal ehrlich – muss ich mich da nicht manchmal an der eigenen Nase fassen und mich bemühen, angesichts so mancher Eitelkeit bescheiden zu bleiben?
Das Symbol des Teppichs in diesem Zusammenhang ist jedenfalls gar nicht so verkehrt. Schauen wir da mal hin. Wir alle kennen den klassischen Orientteppich. Seinen historischen Ursprung hat er bei Völkern, die als Nomaden umherzogen. Bei all den Ortswechseln war er eine Konstante in den Zelten und im Leben der Beduinen, etwas Gleichbleibendes, Vertrautes – eben ein Stück Heimat. Selbst auf unbekanntem Terrain waren sie so nicht ganz fremd, sondern standen auf bekanntem und liebgewonnenem Boden. Und noch auf andere Weise verkörpert der Teppich Bodenhaftung. Er wird aus Naturmaterialien hergestellt: Wolle von Schafen, gefärbt mit natürlichen Farben. Der echte Nomadenteppich wird meist von Frauen geknüpft. Das alles hat etwas Erdhaftes, Ursprüngliches, ja Mütterliches. – „Bleib auf dem Teppich!" bedeutet also, seinem Ursprung und sich selbst treu zu bleiben, nicht überheblich zu werden.
In der Bibel kommt der Teppich nicht vor. Es könnte sein, dass die alten Patriarchen bereits so etwas kannten – wer weiß? Eines jedoch ist sicher: In der Verkündigung Jesu finde ich die Botschaft der Worte „Bleib auf dem Teppich" im übertragenen Sinn. Ich denke an die Stelle, in der die Jünger sich fragen, wer von ihnen der Größte sei. Darauf antwortet Jesus: „Wer der Erste sein will, soll der Letzte von allen und der Diener aller sein." (Mk 9,35b). Das war für die Jünger damals und ist für uns heute ziemlich ernüchternd, aber heilsam – also einfach eine Hilfe, auf dem eppich zu bleiben.

O sole mio

Es ist ein Loblied auf die Sonne und wird auch schon mal als das berühmteste Lied der Welt bezeichnet: das neapolitanische Volkslied „O sole mio“. Es erinnert an die südlichen Gegenden Italiens und bei genauerem Hinhören wird deutlich, dass hier nicht in erster Linie das strahlende Himmelsgestirn gemeint ist, sondern vielmehr die verehrte Freundin, welche in dem Lied besungen wird. Sie leuchtet für den Verehrer wie die Sonne. Sie schenkt ihm Licht in seinem Leben. Ihr Dasein lässt ihn glücklich sein. So kann er singen: „Meine Sonne!“ Diese Gedanken sind sehr romantisch und zeugen von der Leidenschaft, die es auch im christlichen Glauben gibt, denn auch hier begegnet uns das Symbol der Sonne.
Einer, der die Leidenschaft von ganzem Herzen lebte, war der heilige Franz von Assisi. Von ihm stammt der berühmte Sonnengesang, den er gegen Ende seines Lebens dichtete. Es ist ein Loblied auf Gott den Schöpfer. Es preist die Sonne und die anderen Gestirne. Der Gesang erzählt, wie wichtig die Elemente Feuer, Wasser, Luft und Erde sind, und betont, dass auch der Tod zum Leben gehört. Alles wurde von Gott geschaffen. – Die ganze Wortwahl dieses weitverbreiteten Textes zeigt, dass Franziskus in Gott die große Liebe seines Lebens gefunden hat.
Dann fällt mir da noch der Text eines anderen Liedes ein, dessen erste Strophe lautet: „Sonne der Gerechtigkeit, gehe auf zu unserer Zeit; brich in deiner Kirche an, dass die Welt es sehen kann. Erbarm dich, Herr.“ – Hier bezeichnet die Sonne Jesus Christus, in dem Gott mit ganzer Liebe und Leidenschaft auf die Menschen zugeht. Jesus hat das in der überaus liebevollen Art und Weise getan, mit der er auf die Armen zuging.
Wenn Menschen in dieser sommerlichen Zeit das Licht und die Wärme der Sonne erfahren dürfen, nehmen sie das oft als selbstverständlich hin. Doch er ist da, der tiefere Sinn des Symboles Sonne: Gott schenkt Licht, Wärme, Liebe und Leben. Das hat Strahlkraft, auch in manche dunkle oder betrübte Stunde des Lebens hinein.

Christophorus

In meinem Auto habe ich am Armaturenbrett eine Plakette. Darauf ist ein großer Mann mit einem Wanderstab zu sehen. Er trägt ein Kind auf den Schultern und durchwatet einen reißenden Fluss. Unter dem Bild stehen die Worte „Komm gut heim!". Viele wissen, um wen es sich hier handelt. Es ist der heilige Christophorus, der Patron der Reisenden und Autofahrer. Die Plakette bekam ich von einem lieben Menschen, dem es am Herzen lag, dass ich immer gut und sicher ans Ziel komme.
Was hat es mit diesem besonderen Heiligen auf sich? Der Legende nach hieß er zunächst Offerus. Er war ein Märtyrer, der während der Christenverfolgungen im alten Rom sein Leben verlor. Er war von außergewöhnlich großer Statur und wollte dem mächtigsten Herrn der Welt dienen. Da machte er sich auf den Weg, um ihn zu suchen. An einem Fluss begegnete ihm ein alter Mann, der zu ihm sagte, dass Christus der größte und mächtigste Herr sei. Da machte sich Offerus ans Werk und trug Menschen über den Fluss. Er hoffte, dieser Christus würde das sehen und würde sich ihm zeigen, weil er so viel Gutes tat. Und tatsächlich kam ein Kind zu ihm. Der Riese nahm es auf die Schultern. Es war sehr schwer, denn es war Christus, der Sohn Gottes, der Herr der Welt. Dem diente er fortan und wurde zu „Christophorus", d. h. „Christusträger".
Was sagt uns diese Geschichte? Drei Dinge fallen mir ein: Glauben trägt und gibt Halt, selbst auf unsicherem Terrain. Jeder, der anderen hilft, wird zum Christusträger, denn durch ihn kann Christus in die Welt kommen, kann die Gesinnung Christi lebendig werden. Gott begleitet mich auf allen Wegen und schenkt mir eine sichere Ankunft, bis ich letztlich bei ihm mein endgültiges Ziel erreiche.
Übrigens steht der Gedenktag des heiligen Christophorus am 24. Juli im Kalender der Kirche als Anregung, sich Gott anzuvertrauen, und das nicht nur, wenn man mit dem Auto unterwegs ist.

El Jesuita

„El Jesuita", das heißt „Der Jesuit", ist der Titel eines Buches über Papst Franziskus. Diese Worte tragen der Herkunft des Papstes Rechnung: Er gehört zum Orden der Jesuiten. Gerade in diesen Tagen bietet es sich an, an den Gründer dieser Gemeinschaft zu erinnern. Am 31. Juli jährt sich nämlich der Todestag des spanischen Heiligen Ignatius von Loyola (1491–1556) zum 460. Mal. Der stammte aus einer adeligen Familie. Eine große Karriere lag vor ihm. Er machte sich auf, um als Soldat Glück und Ruhm zu finden. Nahe der Stadt Pamplona wurde er im Kampf von einer Kanonenkugel am Bein getroffen und schwer verwundet. So war das Krankenlager sein Los. Ans Bett gefesselt, las er christliche Literatur. Er lernte Lebensgeschichten von Heiligen kennen. Diese beeindruckten ihn so sehr, dass er sein bisheriges Leben völlig über den Haufen warf. Macht und Reichtum verloren für ihn an Bedeutung. Er wollte Christus dienen. So legte er die Waffen nieder und zog sich in die Einsamkeit zurück. Er schrieb seine Erfahrungen auf und entwickelte die Exerzitien als geistlichen Weg für Menschen, die auf der Suche nach Gott sind. Schon während seines Studiums der Theologie, vor seiner Priesterweihe, entstand eine geistliche Gemeinschaft mit guten Gefährten, woraus der Orden der „Gesellschaft Jesu" hervorging. Seine Angehörigen werden schlicht auch „Jesuiten" genannt. Die Mission, geistliche Erziehung und Priesterausbildung sind die Hauptaufgaben dieser Gemeinschaft. Es gibt sie in vielen Ländern der Erde.
Die „Gesellschaft Jesu" brachte große „Söhne" hervor. Da wäre der heilige Franz Xaver (1506–1552) zu nennen. Er bereiste als Missionar weite Teile des Fernen Ostens. Ein großer Bekenner gegen den Nationalsozialismus war Alfred Delp (1907–1945). Einer der wohl größten Theologen der Gegenwart war Karl Rahner (1904–1984). In diese Reihe passt gut Jorge Mario Bergoglio, unser Papst Franziskus, der ein großer Glücksfall für unsere Kirche ist und als „El Jesuita" ihre Geschicke leitet.

Fürchte dich nicht

Manche sagen, das Wort „Fürchte dich nicht" steht 366 Mal in der Bibel – für jeden Tag des Jahres einmal und sogar das Schaltjahr ist berücksichtigt. Ich habe das zwar nicht nachgezählt, kann mir aber vorstellen, dass es indirekt zutrifft, indem auch sinngemäße Formulierungen dazuzählen. Auf jeden Fall ist die Bibel ein Buch, das Angst nehmen und Hoffnung schenken will. Nicht umsonst wird sie auch als „Gute Nachricht" bezeichnet.
„Fürchte dich nicht" – diese Worte spielen in der Bibel immer dann eine Rolle, wenn Gott im Leben der Menschen wirkt und vielleicht auch so manches auf den Kopf stellt. Der Engel teilt Maria mit den Worten „Fürchte dich nicht" mit, dass sie den Sohn Gottes zur Welt bringen wird (Lk 1,30). Joseph erscheint im Traum ein Engel, der ihm aufträgt, die schwangere Maria zur Frau zu nehmen – „Fürchte dich nicht" (Mt 1,20). Den Hirten auf den Feldern von Bethlehem verkünden die Engel des Herrn mit den Worten „Fürchtet euch nicht" die große Freude, dass der Retter geboren ist (Lk 2,10). Den Frauen begegnet am leeren Grab ein Engel, der verkündet, dass Jesus auferstanden ist – ebenfalls mit den Worten „Fürchtet euch nicht" (Mt 28,5).
Im Leben von uns Menschen geht nicht immer alles glatt. Es gibt auch hier Umbrüche. Veränderungen führen dazu, dass man sich umstellen muss – in der Familie, in der Schule und im Beruf, im persönlichen Umfeld. Überall da ruft Gott auch uns zu: „Fürchte dich nicht – ich bin bei dir, in allem, was dir begegnet und dich beängstigt". Das sagen uns diese Bibelstellen.
Und noch etwas: Gott will nicht, dass sich die Menschen vor ihm fürchten. Wenn von Gottesfurcht die Rede ist, handelt es sich um Ehrfurcht ... vor Gott, der Schöpfung, der Kreatur, dem Mitmenschen, auch wenn er andersartig ist. Diese Ehrfurcht ist in unserer Welt oft abhandengekommen, was uns Ereignisse der Gewalt und des Todes zeigen. Da möchte einem angst werden. Aber besonders auch hier gelten die Worte Gottes: „Fürchte dich nicht".

Aus allen Nationen und Völkern

Strahlender Sonnenschein, frischer Wind, atemberaubende Fernsicht – das kann man bei gutem Wetter auf der Zugspitze erleben, dem mit knapp dreitausend Metern höchsten Berg Deutschlands. Noch etwas anderes gibt es hier: die vielen Menschen aus aller Welt, die in den Ferienwochen hierherkommen. Die verschiedensten Sprachen sind zu hören. So habe ich es vor Kurzem selbst erlebt. Eine südafrikanische Familie saß mir in der Kabine der Zahnradbahn gegenüber. Menschen aus Japan, Australien, den USA, Russland, Arabien und Indien konnte ich auf dem Gipfel ausmachen, um nur einige wenige Nationen zu nennen. Trotz des Einwandes, dass die Bergwelt längst vom Touristenstrom überlaufen ist, war das für mich ein bedenkenswertes Bild.

In unserer Welt gibt es so viele militärische Auseinandersetzungen, Kriege, Bürgerkriege und terroristische Gewalttaten. Noch nie waren dermaßen viele Menschen gezwungen, ihre Heimat zu verlassen und auf gefährlichen Wegen in andere Länder zu fliehen. Menschen richten sich weltweit gegeneinander. Doch muss das sein? Könnte man nicht das Leben miteinander leben und gestalten? Und das über die Grenzen der Länder und Kontinente hinweg?

Die Begebenheit auf der Zugspitze ist, wie übrigens die zu Ende gehende Olympiade auch, ein Zeichen für die Gemeinsamkeit der Völker. Und noch ein Hinweis darauf begegnet mir am Sonntag im Evangelium des Gottesdienstes: „Und man wird von Osten und Westen und von Norden und Süden kommen und im Reich Gottes zu Tisch sitzen." (Lk 13,29). Das sagt Jesus im Blick auf die Endzeit. An anderer Stelle heißt es, dass Gott aus „allen Stämmen und Sprachen, aus allen Nationen und Völkern" (Offb 5,9) die Menschen erwählt und ihnen eine unvergängliche Zukunft schenkt. Das sind die Perspektiven, die unser Glauben uns schenkt. Dafür gibt es schon jetzt, entgegen aller Entzweiung und Gewalt, Anzeichen – wenn Menschen aus den verschiedensten Nationen in Frieden zusammenkommen – und sei es auf der Zugspitze.

20.000 Meilen unter dem Meer

Ein weltbekannter Schriftsteller ist der Franzose Jules Verne (1828–1905). Bedeutende Werke von ihm sind „20.000 Meilen unter dem Meer“, „In 80 Tagen um die Welt“ oder „Die Reise zum Mittelpunkt der Erde“. In der Stadt Amiens steht ein Haus, in dem er lange lebte. Es ist jetzt ein Museum und zeigt wichtige Stationen seines Wirkens. Dabei beeindruckt besonders ein Raum, der wie das Kommandodeck eines Schiffes gestaltet ist und in dem der kleine Schreibtisch steht, an dem das erste der oben genannten Werke entstand. In der Bibliothek befinden sich viele Bücher, in denen Jules Verne recherchierte. Sie bezeugen sein großes Allgemeinwissen. Außerdem gibt es Modelle von technischen Geräten und Fahrzeugen, die nur in der Fantasie existieren, Landkarten und die verschiedensten Ausgaben seiner zahlreichen Werke. Das alles zeugt auch vom Interesse der Menschen des 19. Jahrhunderts an exotischen Welten und noch unentdeckten Gegenden. Unglaubliche Abenteuer werden in den Büchern geschildert, die wir auch aus verschiedenen Verfilmungen kennen. So ist Jules Verne zu einem der ersten Vertreter der „Science Fiction“ geworden.
Bis zum heutigen Tag träumen Menschen von fernen Welten und Regionen, in die noch nie jemand vorgedrungen ist. Wir hören von Raumsonden, die zum Mars und zu anderen Gestirnen gesandt werden, um von dort Daten und Informationen zu übermitteln. Es stellt sich die Frage, ob solche Dinge überhaupt für das Leben wichtig sind. Natürlich, die Wissenschaften müssen sich ständig weiterentwickeln, aber wenn man sich umsieht, dann ist sie doch in allem präsent, die wunderbare Welt der Schöpfung, die auf geheimnisvolle Weise auf das Beste geordnet ist. Sie gilt es, ständig neu zu entdecken und zu bewahren, nicht zuletzt für die Generationen, die nach uns kommen. In diesen Tagen ist für viele die Zeit des Urlaubs und der Ferien vorbei. Sie nehmen sicher viel des Erlebten mit in den Alltag, damit es ihre Fantasie bereichert, so wie das wohl auch Jules Verne erfahren hat.

So ist Gott

„Wie ist eigentlich Gott?“ – Diese Frage stellen sich viele Menschen und sie würden sich nach der einfachen Antwort sehnen, die ganz konkret Auskunft gibt: „So ist Gott!“ – Doch hat überhaupt irgendjemand die große Kompetenz, so eine Antwort jemals zu geben? Schauen wir mal in der Geschichte der Theologie nach, da hat es schon die verschiedensten Antwortversuche und Lösungsansätze gegeben. Wie ist Gott?
Das Alte Testament hält einige sehr schöne Vergleiche für Gott bereit, die auch für heutige Menschen sehr ansprechend sind. Besonders in den Psalmen kommt das zum Ausdruck. Das sind Gebete, in denen der alttestamentliche Mensch, sei es im Gottesdienst oder privat, seine ganze Existenz vor Gott gebracht hat, seine Bitte und seinen Dank, sein Lob und seine Klage. Hier ist Gott wie ein Adler, der seine Jungen beschützt. Er ist wie eine Burg, die Zuflucht schenkt. Er ist wie ein guter Hirte, der seine Herde auf eine gute Weide führt.
Manch andere Vorstellungen sind da schon viel abstrakter. Gott ist nicht zu fassen. Er ist der Unergründliche, Unbeschreibliche, der über allem Thronende, der Allmächtige und Unbegreifliche. Sind das nun die endgültigen Antworten auf die Frage „Wie ist Gott?“
„So ist Gott!“ – Was war das? Ist hier nun doch die Antwort? Von wem kommt sie? Es ist die Stimme Jesu, die das sagt: „So ist Gott!“ Das tut er in den Texten vom kommenden Sonntag in einer ganz bemerkenswerten Geschichte. Viele von uns kennen sie. Es ist das „Gleichnis vom barmherzigen Vater“, auch bekannt als „Gleichnis vom verlorenen Sohn“ (Lk 15,11–32). Jesus hat sie den Menschen in seiner Umgebung erzählt, weil er ihnen sagen wollte, wie Gott ist, nämlich wie ein barmherziger Vater. So ist Gott!
Jede und jeder kennt Momente des Versagens im eigenen Leben. Nicht wenige wissen, wie schwer es ist, Wege zur Versöhnung zu finden. Zu Gott kann ich immer kommen – er ist barmherzig. Er möchte mir auch Wege aufzeigen, anderen gegenüber barmherzig zu sein. So ist Gott!

Lebensbaum

In der Zeitung war einmal zu lesen, dass ein „gigantischer Tropenbaum" entdeckt worden sei. Fast 90 Meter misst der in Malaysia wachsende Baum und in den USA gibt es sogar einen Mammutbaum, der mit 115 Metern im Guinness-Buch der Rekorde steht. Unvorstellbar ist das für jemanden, der nur die heimischen Bäume kennt.
In seiner ganzen Größe ist so ein Baum ein Sinnbild für Kraft und Leben. Er wurzelt tief in der Erde. Das verleiht ihm Halt und versorgt ihn mit Nahrung. Seine Krone mit den grünen Blättern streckt er dem Himmel entgegen. Das Licht der Sonne setzt den Prozess der Fotosynthese in Gang. Es werden Nährstoffe in Energie umgesetzt. Dabei entsteht Sauerstoff, der in der Atemluft wieder anderen Organismen das Leben ermöglicht, ganz zu schweigen von Pflanzen und Tieren, die den Baum als Lebensraum nutzen. So betrachtet, ist jeder Baum ein „Baum des Lebens", ein „Lebensbaum".
Der „Lebensbaum" gilt in vielen Kulturen als Symbol. Bei den Makonde, einem Volk, das in Ostafrika im Grenzgebiet zwischen Tansania und Mosambik lebt, ist das auch so. Diese Menschen sind bekannt für ihre Holzschnitzereien. Aus einem einzigen Ebenholzstamm geschnitzt, ist der Lebensbaum hier eine Skulptur, die aus vielen einzelnen menschlichen Figuren zusammengesetzt ist, die sich gegenseitig stützen und halten und so miteinander verbunden einen standfesten Stamm bilden. Er ist Zeugnis dafür, dass auch eine tragende Gemeinschaft lebenswichtig ist.
Für Christen ist das Kreuz ein Lebensbaum. Es vereint alles Gesagte und deutet es vor dem Hintergrund des Glaubens: Fest verwurzelt in ihm, findet der Mensch Nahrung für die Seele. So kann er sich Gott zuwenden und Licht und Wärme, sprich Hoffnung und Geborgenheit, erfahren. Die Gemeinschaft mit anderen trägt und hält ihn dabei. So geht er der Vollendung entgegen. Diese Vorstellung kann in eine Höhe führen, die im übertragenen Sinne die eines Mammutbaumes noch bei Weitem übersteigt, weil es irdische Maße sind, nach denen er gemessen wird.

Sicher wie in Abrahams Schoß

Auf dem Schoß von Mutter oder Vater fühlen sich kleine Kinder sicher. Sie sind bei Menschen, zu denen sie Vertrauen haben. Sie fühlen sich geborgen. Wer so Geborgenheit erfährt, kann sich entfalten und wachsen. Er wird sein Leben meistern und später den Menschen, die ihm anvertraut sind, ebenfalls Geborgenheit schenken.

Wenn ich über all das nachdenke, kommt mir die Rede über „Abrahams Schoß" in den Sinn. Jemand fühlt sich „sicher wie in Abrahams Schoß". Wie ist dieses geflügelte Wort zu verstehen? Was will es uns sagen?

Nach jüdischem Verständnis ist der „Schoß", insbesondere der „Mutterschoß", etwas, das mit dem Reich Gottes in Verbindung steht. Das noch ungeborene Kind wähnt sich im Urzustand der Geborgenheit, in der größtmöglichen Nähe zur Mutter. Der Ausdruck „Abrahams Schoß" nimmt Bezug auf Abraham, den Bundesgenossen Gottes und Stammvater der drei großen monotheistischen Religionen Judentum, Christentum und Islam. Wer also die Nähe Abrahams erfahren darf, ist gerettet. Er hat das Ziel bei Gott erreicht.

Das Zitat bezieht sich auf eine Stelle in der Bibel, die am kommenden Sonntag im Gottesdienst gelesen wird. Jesus erzählt das Beispiel vom reichen Mann und vom armen Lazarus (Lk 16,19 bis 31). Lazarus wurde im Leben übel mitgespielt. Krank und wund liegt er vor dem Haus des Reichen. Der hat nichts für ihn übrig. Nur die Hunde geben sich mit ihm ab. Doch nach beider Tod wird alles anders. Da ist auf einmal der Reiche ganz unten. Er ist in der Hölle. Und Lazarus sitzt in Abrahams Schoß. Er ist im Himmel.

Wie in allen Geschichten Jesu steckt auch in dieser eine tiefe Botschaft für das Leben. Sie besagt: Gerade im Leid, in der Not und sogar im Tod ist der Mensch geborgen in der zuvorkommenden und überschwänglichen Liebe Gottes – unglaublich! Und das ist keine Vertröstung auf das Jenseits, sondern schon jetzt weiß ich: In allem, was mir begegnet und widerfährt, bin ich „sicher wie in Abrahams Schoß".

Quellen- und Bildnachweis

Viele Zitate, Jahreszahlen, technische, wissenschaftliche, historische sowie geografische Angaben wurden dem Internet, insbesondere der freien Enzyklopädie Wikipedia (https://de.wikipedia.org) entnommen.

Alle Bilder © Georg Fetsch, bis auf Seite 33: Oktoberfest-Bavaria.jpg / Foto von Hullbr3ach, 2006 / Wikimedia Commons / lizensiert unter CreativeCommons-Lizenz by-sa-2.5 (https://creativecommons.org/licenses/by-sa/2.5/deed.en); Seite 73: Archiv der Wies-Kuratie, Steingaden; Seite 136: © privat.

Titelseite:	Innenaufnahme der Kirche St. Joseph, Le Havre
Seite 23:	Alte Taschenuhr
Seite 30:	Feldkreuz am Südwestufer des Starnberger Sees
Seite 33:	Oktoberfest
Seite 41:	Fischerboot in der Somme-Bucht
Seite 44:	„Lebende Krippe" in Andechs
Seite 59:	Schafe im Pferch
Seite 73:	Innenansicht der Wieskirche
Seite 78:	Mont-Saint-Michel
Seite 81:	Außenaufnahme der Kirche St. Joseph, Le Havre
Seite 94:	Wolkenformation, Berghalde Peißenberg
Seite 104:	St. Georg in der Kirche St. Margaret, München
Seite 109:	Reiterstandbild der Jeanne d'Arc in Reims
Seite 111:	Margerite
Seite 115:	Perserteppich
Seite 121:	Zugspitzgipfel
Seite 123:	Raum im Haus von Jules Verne in Amiens
Seite 136:	Georg Fetsch

Register

Georg Fetsch, geb. 1970, wuchs in Lützelburg bei Augsburg auf. Nach seiner Berufstätigkeit als Groß- und Außenhandelskaufmann absolvierte er das Studium der Theologie und Philosophie in Lantershofen bei Bonn. Nach Diakonats- und Kaplansjahren in Schrobenhausen und Aichach leitete er die Pfarreiengemeinschaft Huglfing.
Heute wirkt er als Leiter der Pfarreiengemeinschaft Peißenberg/Forst und als Dekan des Dekanates Weilheim-Schongau.